Ute Clement · Jörg Nowak · Christoph Scherrer
Sabine Ruß (Hrsg.)

Public Governance und schwache Interessen

AF154997

Ute Clement · Jörg Nowak
Christoph Scherrer
Sabine Ruß (Hrsg.)

Public Governance und schwache Interessen

VS VERLAG FÜR SOZIALWISSENSCHAFTEN

Bibliografische Information der Deutschen Nationalbibliothek
Die Deutsche Nationalbibliothek verzeichnet diese Publikation in der
Deutschen Nationalbibliografie; detaillierte bibliografische Daten sind im Internet über
<http://dnb.d-nb.de> abrufbar.

1. Auflage 2010

Alle Rechte vorbehalten
© VS Verlag für Sozialwissenschaften | GWV Fachverlage GmbH, Wiesbaden 2010

Lektorat: Monika Mülhausen

VS Verlag für Sozialwissenschaften ist Teil der Fachverlagsgruppe
Springer Science+Business Media.
www.vs-verlag.de

Das Werk einschließlich aller seiner Teile ist urheberrechtlich geschützt.
Jede Verwertung außerhalb der engen Grenzen des Urheberrechtsgesetzes
ist ohne Zustimmung des Verlags unzulässig und strafbar. Das gilt insbesondere für Vervielfältigungen, Übersetzungen, Mikroverfilmungen und die Einspeicherung und Verarbeitung in elektronischen Systemen.

Die Wiedergabe von Gebrauchsnamen, Handelsnamen, Warenbezeichnungen usw. in diesem
Werk berechtigt auch ohne besondere Kennzeichnung nicht zu der Annahme, dass solche
Namen im Sinne der Warenzeichen- und Markenschutz-Gesetzgebung als frei zu betrachten
wären und daher von jedermann benutzt werden dürften.

Umschlaggestaltung: KünkelLopka Medienentwicklung, Heidelberg
Druck und buchbinderische Verarbeitung: Rosch-Buch, Scheßlitz
Gedruckt auf säurefreiem und chlorfrei gebleichtem Papier
Printed in Germany

ISBN 978-3-531-16612-4

Inhalt

Einleitung: Public Governance und schwache Interessen

Ute Clement, Jörg Nowak, Sabine Ruß & Christoph Scherrer

In den letzten Jahren hat sich im Schatten der breiteren Diskussion um die Veränderungen des Wohlfahrtsstaates der Begriff der ,schwachen Interessen' etabliert. Als ,schwach' werden die Interessen von Akteuren bezeichnet, die über wenige Ressourcen verfügen und aus strukturellen Gründen politisch schwer organisierbar sind. Dies trifft vor allem auf die Interessen von Akteuren zu, die früher schlichtweg als ,Arme' bezeichnet worden wären. Diese Kategorie erweist sich allerdings als unzureichend: Zum einen wird die Kategorie der Vielfalt der Dimensionen sozialer Ungleichheit nicht gerecht, denn Armut lässt sich nicht ausschließlich durch einen Mangel an materiellem Wohlstand oder ökonomischer Macht definieren. Zum anderen sind manche der Gruppen, die wir unter ,schwache Interessen' fassen, wie z.B. PatientInnen oder KonsumentInnen, nicht im materiellen Sinne arm. Der Begriff schwache Interessen kann nicht nur verschiedene Lagen sozialer Ungleichheit erfassen, sondern prinzipiell Aspekte struktureller Benachteiligung in gesellschaftlichen Regulierungs- und Verteilungsprozessen beleuchten. Neben den bereits genannten ,Armen' rücken hier weitere Akteure in das Blickfeld – etwa UmweltschützerInnen oder VerbraucherschützerInnen. Mit diesen beiden Beispielen sind Interessen genannt, die zwar offenbar nicht allerorten und zu jedem Zeitpunkt (gleich) schwach sind, aber in Gesellschaften mit bestimmten Produktionsverhältnissen und politischen Institutionen durchaus als strukturell benachteiligt gelten müssen. Insofern fallen sie in die Kategorie ,schwacher Interessen', wie wir sie definieren. Dass diese Kategorie eine abstrakte ist, deren konkrete empirische Bedeutung wandelbar ist, begreifen wir nicht als Nachteil, sondern als notwendige, kontextsensible und problemadäquate Konzeptualisierung. Weiter unten soll der Begriff differenzierter dargestellt und begründet werden; an dieser Stelle mag der Hinweis darauf genügen, dass er für den Kasseler Forschungsverbund erkenntnisleitend in dem Ansinnen geworden ist, die Auswirkungen neuer Steuerungsformen zu untersuchen. In kritischer Auseinandersetzung mit einer Governance-Forschung, deren wichtigstes Kriterium eine häufig herrschaftsfunktionale ,Effizienz' darstellt, legen wir den Schwerpunkt auf Partizipation und Inklusion als Ansprüche demokratisch organisierter Gemeinwesen. Dabei beabsichtigen wir nicht nur eine Analyse bestehender

Bedingungen, sondern durchaus auch die Konzeption von Steuerungsformen, die schwachen Interessen zu mehr Durchsetzungsfähigkeit verhelfen.

In den einzelnen Forschungsprojekten wird der Charakter der spezifischen schwachen Interessen in Abhängigkeit vom jeweiligen Kontext bestimmt und konkretisiert. Dabei geht es auch darum, die mit ‚good governance' verbundenen Ansprüche auf ihren Realitätsgehalt zu überprüfen und der normativen Aufladung neuer Steuerungsformen mit Analysen zu deren faktischen Auswirkungen entgegenzutreten.

Good Governance und die Debatte um Steuerung

Dass gesellschaftliches Handeln über Bürokratie nur unzureichend gesteuert werden kann, ist ein Allgemeinplatz. Aber auch das freie Spiel des Marktes ist mindestens in solchen Politikfeldern, die öffentliche Güter wie Bildung, Ökologie oder Gesundheit produzieren, kein hinreichender Steuermechanismus. Jenseits von Staat und Markt, so lautet deshalb die Devise seit den 1990er Jahren, müssen Formen politischer Steuerung entwickelt und implementiert werden, die Staats- wie Marktversagen gleichermaßen vermeiden. Mit dem Konzept *Governance* soll die traditionelle Dichotomie der Koordinationsmechanismen Markt und Hierarchie überwunden werden. Wir möchten den Blick für Mischformen und weitere zusätzliche Mechanismen, wie zum Beispiel Verbände und Netzwerke, öffnen. Governance beschreibt sowohl Koordinationsformen privatwirtschaftlicher Transaktionen (Unternehmensgovernance, Governance von Wertschöpfungsketten) als auch öffentliches Handeln (Public Governance). Der Kasseler Forschungsverbund bezieht sich auf Public Governance, wobei wir im Folgenden der Einfachheit halber auf ‚Public' verzichten und nur den Begriff Governance verwenden.

Seit Anfang der 90er Jahre haben entwicklungspolitisch motivierte Akteure ein vielversprechendes und viel beachtetes Konzept alternativer Formen politischer und gesellschaftlicher Steuerung präsentiert: ‚Good Governance' erhebt den Anspruch, Demokratie, Sozial- und Rechtsstaatlichkeit miteinander zu verbinden. Durch die Beteiligung von Zivilgesellschaft und Privatwirtschaft an der Formulierung und Umsetzung von Politik sollen – moderiert vom Staat – neue gesellschaftliche Potenziale erschlossen und genutzt werden. Demokratische Prinzipien wie Partizipation, die Wahrung der Menschenrechte, Rechtsbindung staatlichen Handelns und Gemeinwohlorientierung des Wirtschaftswachstums (Stichwort: pro-poor growth) werden mit funktionalen Zielen wie Freiheit von Korruption, Sicherung von makroökonomischer Stabilität und nachvollziehbarer Rechenschaftspflicht verknüpft.

Dem Anspruch nach soll bei der Kooperation verschiedenster Akteure die Dichotomie von Marktprozessen und staatlicher hierarchischer Steuerung zugunsten dialogischer Formen überwunden werden. Am wichtigsten sind dabei drei Formen der demokratischen Entscheidungsfindung:

- Erstens soll die Einbeziehung und gemeinsame Beratung mit direkt betroffenen Akteuren in der Politikformulierung und/oder -durchsetzung (Deliberation) Entscheidungen besser informieren und deren Akzeptanz erhöhen.
- Zweitens soll die Delegation von Entscheidungen an die direkt betroffenen Ebenen (Subsidiarität) zur Entbürokratisierung beitragen, staatliche Institutionen entlasten und Politikprozesse für ihre Adressaten greifbarer machen.
- Drittens besteht eine weitere Maxime der Good Governance-Diskussion im Prinzip der output-orientierten Steuerung: Damit wird es den Akteuren – bei vorgegebenen Zielen – überlassen, auf welchem Wege sie diese erreichen. Dies soll dem Anspruch nach zu mehr Selbstbestimmung innerhalb des Politikprozesses führen und Elemente der Selbststeuerung einführen.

Die Frage nach gesellschaftspolitischer Veränderung hin zu Good Governance ist also die Frage danach, welche neuen Steuerungsformen unter den Gesichtspunkten von Deliberation, Subsidiarität und erwünschten Outputs mit Hilfe welcher Instrumente etabliert werden sollen. Das heißt: Neben einer Analyseperspektive, mit Hilfe derer Handlungskoordination auf unterschiedlichen Ebenen beobachtet werden kann, sind mit der Diskussion um Good Governance auch Gestaltungsansprüche verbunden.

Die Weltbank veröffentlicht seit 1996 sogenannte Worldwide Governance Indicators (WGI), zu denen z.B. Mitsprache und Zurechenbarkeit von Leistungen, politische Stabilität und Abwesenheit von Gewalt, Effektivität der politischen Steuerung oder Korruptionskontrolle gehören (vgl. http://info.worldbank.org/governance/wgi/index.asp). Good Governance ist damit ein entwicklungspolitisch inspiriertes, normatives Konzept, welches es ermöglicht, staatliches Handeln in einem gewissen Rahmen zu orientieren und zu bewerten. Mit seiner Hilfe soll die Qualität von Governance-Strukturen weltweit messbar und vergleichbar werden.

Die mitunter unreflektierte Ausrichtung der Governance-Debatte an solchen normativen Ausrichtungen wird allerdings auch kritisiert (Scherrer 2000: 14; Mayntz 2004: 72). Die Kriterien dessen, was als Good Governance angesehen wird, sind nämlich so zahlreich wie widersprüchlich:

- Die Forderung nach ökonomischer Effektivität staatlichen Handelns kann durchaus in Widerspruch zur Ausweitung partizipativer und/oder deliberativer Aspekte politischer Entscheidungsfindung geraten.

- Wird das Kriterium der demokratischen Verfahren durch das Kriterium der Qualität von Politikergebnissen ersetzt, so entstehen ebenfalls Friktionen mit dem Ziel der Partizipation.
- Neue und effektivere Formen der Durchsetzung und Legitimation von öffentlicher Politik können sich von Formen der Dezentralisierung und Autonomie durchaus unterscheiden.

Die zumeist vorgenommene technokratische Analyse der Effizienz der jeweiligen Governance-Formen birgt die Gefahr, dass dominierende Politikinhalte und Interessen unhinterfragt übernommen werden. Diese These wird gestützt durch Befunde empirischer Governance-Forschung (Schneider 2000).

Welche Kriterien von Good Governance als relevante Handlungsleitlinien angesehen werden, ist jedenfalls abhängig von der eingenommenen sozialen Perspektive. Empfänger von Sozialhilfe werden den ‚schlanken Staat' nicht als Ausdruck von Good Governance werten, wenn die Agilität staatlichen Handelns mit Leistungskürzungen verbunden ist. Was als Problem gesehen wird, steht zumeist in einem engen Zusammenhang mit der jeweiligen Interessenlage.

Governance als analytisches Konzept

Jenseits der normativen Perspektive auf Governance ist in den vergangenen Jahren innerhalb der Gesellschaftswissenschaften auch ein analytischer Diskurs entstanden, der zunächst deskriptiv die Veränderungen in Funktionen und Modi der Koordination und Kommunikation sowie der beteiligten Akteursgruppen bei gesellschaftlicher Steuerung erfasst.

Aus dieser Sicht wird Governance als analytische Perspektive auf Steuerungs- und Regelungsprozesse verstanden und schließt damit alle denkbaren Gestaltungsformen unabhängig von ihrer normativ bestimmten Qualität ein. Mit ihrer Hilfe kann das Handeln öffentlicher und privater Akteure bei der Herstellung öffentlicher Güter untersucht werden. Politikwissenschaftler verfügen so über ein Instrumentarium, um komplexe Regierungs- und Steuerungsformen beschreiben und analysieren zu können, die a) auf mehreren räumlichen Ebenen und b) als Kooperation zwischen staatlichen Einheiten, Unternehmen und zivilgesellschaftlichen Akteuren ablaufen – in Zeiten, in denen nationale Regierungssouveränität aus unterschiedlichen Gründen in Zweifel gezogen wird (Walther 2006) und die Bedeutung subnationaler wie supranationaler Handlungsebenen zunimmt, ist damit ein erheblicher Erkenntnisgewinn verbunden.

Der Unterschied zwischen den Konzepten der politischen Steuerung und der Governance besteht darin, dass Steuerungstheorien in der Regel einen Akteur bzw. eine Akteurkonstellation zum Gegenstand haben, während Governance-Theorien den Anspruch verfolgen, gleichzeitig unterschiedliche Akteure und Handlungsebenen wahrzunehmen. Zugleich werden – anders als beim Steuerungskonzept – auch Handlungskontexte systematisch in der Analyse berücksichtigt, z.B. wenn Prozesse der Makro-, Meso- oder Mikroebene oder wenn Beziehungen zwischen dem Prinzipal (Staat) und Agenten zu analysieren sind.

Grundlage unserer Forschung ist nun weder eine normative Bestimmung guter versus schlechter Governance ohne konkreten Kontextbezug noch eine scheinbar wertfreie Deskription aller denkbaren Formen von Handlungskoordination im gesellschaftlichen Raum. Ausgangspunkt unseres Ansatzes sind vielmehr die strukturellen Asymmetrien in der Gesellschaft und die Annahme, dass sich diese in Form von Bevor- und Benachteiligung bestimmter Interessengruppen auswirken. Obgleich seit den 80er Jahren verschiedene empirische Studien zur Frage der Durchsetzung ‚schwacher Interessen' vorgelegt wurden (vgl. von Winter/Willems 2000), sind diese Asymmetrien hinsichtlich ihrer normativen Implikationen und faktischen Konsequenzen im Rahmen der Governance-Perspektive noch nicht systematisch reflektiert worden. Unser Erkenntnisinteresse zielt darauf, solche Asymmetrien in ausgewählten Bereichen des Regierens zu identifizieren und ihre Auswirkungen innerhalb der jeweils aufgefundenen Governance-Arrangements zu prüfen. Dabei ist von besonderem Interesse, wie sich der Wandel von Governance-Formen auf solche Asymmetrien auswirkt. Im Anschluss an Heinelt (2008: 44f) gehören für uns Leitbilder und Standards des Regierens ebenso zu Governance-Strukturen wie der operative Teil des konkreten Regierens und die Institutionen und Politikinhalte politischer und gesellschaftlicher Steuerung.

Mit dem aktuell feststellbaren politischen, ökonomischen und sozialen Wandel im Kontext von Globalisierung und Europäisierung vollziehen sich nachhaltige Veränderungen des Verständnisses und der Praxis von Staatlichkeit. Zum einen verändern sich die Kräftekonstellationen in den OECD-Staaten: Die Globalisierung stärkt gesellschaftliche Kräfte, die von den neuen Mobilitätsmöglichkeiten mehr Gebrauch machen können. An den Polen des Mobilitätsspektrums stehen auf der einen Seite das Finanzkapital, auf der anderen Seite Arbeitskräfte in der fordistischen Massenproduktion. Während sich für das Finanzkapital die innerstaatlichen und grenzüberschreitenden Handlungsspielräume erweitert haben, wird Arbeitskraft nicht nur seit Jahren deutlich weniger nachgefragt – ihrer Mobilität stehen einerseits geringe Qualifikationen diskriminierende Migrationsregime und andererseits der bisherige Lebensstandard gering Qualifizierter entgegen. Und auch der bisherige

Lebensstandard deutscher Arbeitskräfte führt dazu, dass sie in der Konkurrenz mit gering qualifizierten MigrantInnen aus ärmeren Ländern nicht mithalten können. Die staatliche Absicherung der gruppenspezifischen Risiken entwickelt sich allerdings in entgegengesetzter Richtung. Während die Risikoabfederung für das Finanzkapital von Finanzkrise zu Finanzkrise ausgeweitet wird (und zwar nicht nur für die Finanzinstitutionen, sondern auch für die Anleger aus den Mittelschichten; Scherrer 2008), werden die Sozialleistungen merklich gekürzt und mit steigenden Auflagen verbunden (Lessenich 2007; Brütt 2009).

Die Kapazitäten zur Umsetzung nationalstaatlicher Macht werden zunehmend auf andere Ebenen und neue Akteure verlagert (Jessop 1994: 65). Diese Entwicklungen stehen in engem Zusammenhang mit der transnationalen Durchsetzung marktzentrierter Produktionsmodelle (Dörre 2003) und der neuen Bedeutung von Finanzmärkten (Kädtler 2003). Zugleich wird aufgrund der stärkeren Wertschätzung von Eigeninitiative und Partizipation traditionelles, hierarchiebewusstes Verwaltungshandeln in Frage gestellt (Walther 2006).

Da der Nationalstaat aufgrund seiner Kompetenzen und Ressourcen eine der zentralen Instanzen für die Entwicklung von Wirtschaft und Gesellschaft darstellt, gehen von diesen Wandlungsprozessen weit reichende Konsequenzen aus. Staatliches Handeln wird zunehmend auf Flexibilität und Wettbewerbsfähigkeit ausgerichtet, staatliche Intervention verlagert sich auf die Angebotsseite und die Herstellung von Infrastruktur, zentrale Regierungsfunktionen werden an andere Ebenen und/oder Akteure delegiert und Wettbewerbspartnerschaften ersetzen den Tripartismus von Staat, Unternehmensverbänden und Gewerkschaften (Jessop 1994: 65; Blanke et al. 2005).

Aus der analytischen Perspektive des Governance-Ansatzes spielt sich Koordination öffentlicher und privater Akteure bei der Herstellung öffentlicher Güter auf unterschiedlichen Ebenen, d.h. territorial organisierten politischen Einheiten, ab, die miteinander interagieren, sich ergänzen und teilweise widersprechen. Anders als dies bei klassischen Formen der Staats- oder Regionalorganisation der Fall war, sind im Mehrebenensystem Kompetenzabgrenzungen und hierarchische Strukturen nicht mehr vorgegeben, sondern sie werden zum Gegenstand sozialer und politischer Aushandlungsprozesse (Käpplinger/Puhl 2003).

Mehrebenensysteme der Politik entstehen, wenn zwar die Zuständigkeiten nach Ebenen aufgeteilt, jedoch die Aufgaben interdependent sind, d.h. wenn Entscheidungen zwischen Ebenen koordiniert werden müssen. Ihr grundlegendes Problem besteht darin, dass Anforderungen an politische Steuerung in unterschiedlichen Strukturkontexten (Arenen) zu erfüllen sind. Interdependenzen der Aufgaben auf unterschiedlichen Ebenen können durch externe Effekte verursacht sein, etwa wenn Entscheidungen der zentralen Ebene die Entscheidungsspielräume dezentraler Einheiten verringern, oder sie können aus den Bedingungen und Prozessen der Ebenen selbst entstehen.

Aus unserer Sicht macht es das Konzept der Governance möglich, solche Interaktionen jenseits der Koordinationsmechanismen von Markt und Hierarchie systematisch zu erfassen. Auch die Zunahme an Ebenen (insbesondere die supranationale Ebene) und deren komplexer werdendes Zusammenspiel können mit ihm in den Blick genommen werden. Governance-Theorie nimmt Interdependenzen zwischen kollektiven Akteuren nicht nur als Hemmnis für politisches ,Durchregieren' wahr, sondern macht sich ihr Management explizit zum Analysegegenstand (Benz 2004).

Schwache Interessen

Strukturelle Asymmetrien (z.B. Handel/Konsumenten, Einheimische/Zugewanderte, Beschäftiger/Beschäftigte) gehen damit einher, dass Interessengruppen über sehr unterschiedliche Ressourcen und gesellschaftliche Akzeptanz verfügen. Unser Erkenntnisinteresse richtet sich auf die Bedeutung von Governance-Strukturen für sogenannte schwache Interessen, die oft nicht artikuliert sind, nur schwach repräsentiert sind und über wenige Machtressourcen verfügen. „Der Begriff der ,schwachen Interessen' bezeichnet eine relative Benachteiligung in der politischen Interessenkonkurrenz, die aus einer Minderausstattung mit den für die Artikulations-, Organisations-, Mobilisierungs- und Durchsetzungsfähigkeit notwendigen sozialen Eigenschaften resultiert." (von Winter/Willems 2000: 14) Dabei wird prinzipiell davon ausgegangen, dass Interessen sowohl durch die Selbstorganisierung der Betroffenen (z.B. Arbeitslosenverbände) als auch durch Stellvertreter (z.B. Wohlfahrtsverbände, Kirchen) artikuliert werden können.

Aus einer deskriptiven Perspektive können schwache Interessen unterschiedliche Personenkreise wie z.B. Benachteiligte im Bildungssystem, politisch kaum repräsentierte Interessengruppen oder Nationen, Nicht-Versicherte, Arbeitslose, schwache Branchen- oder Unternehmensvertretungen etc. betreffen. Die Stärke oder Schwäche von Akteursgruppen kann beispielsweise an der Ausstattung mit Ressourcen, ihrer Kompetenz und Leistungsfähigkeit oder ihrem Zugang zu Entscheidungszentren gemessen werden. Schwäche ist immer relational, also in Bezug auf andere, stärkere Akteure zu verstehen. Insbesondere im Fall von Gruppen, bei denen die Zugehörigkeit aktuell noch gar nicht definiert werden kann, weil sie – wie dies bei potenziell durch Umweltschäden Betroffenen oder bei potenziellen Konsumenten der Fall ist – erst als latente Gruppen vorhanden sind, kann politische Partizipation an Governance-Prozessen nur stellvertretend erfolgen. Angesichts der weitreichenden Konsequenzen von Governance für große Teile der Bevölkerung halten wir eine systematische Erforschung der Partizipations- und Vertretungschancen solcher Gruppen für besonders wichtig.

‚Interessen' sind immer doppelt bestimmt: Sie haben mit der strukturellen Lage eines Akteurs ein objektives Moment, formieren sich aber immer in politischen Konflikten innerhalb der ‚objektiven Akteursgruppe' (Laclau/Mouffe 1985; Pringle/Watson 1992). Damit sind Interessen von Deutungssystemen abhängig und entstehen im Spannungsfeld von Selbst- und Fremddefinitionen (Nullmeier 2008). Interessen formieren sich über längere Zeiträume hinweg und bilden dabei eine gewisse „Kohärenz einer Handlungsorientierung" (ebd.). Die Stärke oder Schwäche eines Interesses kann laut Frank Nullmeier anhand der vier Kriterien Ressourcen (Input-Stärke), Kompetenzen (Verfahrens-Stärke), Leistungen/Performanzen (Output-Stärke) und Wirkungen (Outcome-Stärke) beurteilt werden.

Während in der Verbändeforschung traditionell Handlungsfähigkeit „anhand der Kriterien Organisationsfähigkeit und Konfliktfähigkeit gemessen" (Nullmeier 2000: 93) wird, betont Nullmeier die Relevanz von Argumentationsmacht und Rechtfertigungsfähigkeit, also der symbolisch-sprachlichen Politikebene, für die Mobilisierung schwacher Interessen. Damit werden die öffentliche Anerkennung eines Interesses und die Fähigkeit, ein Interesse öffentlich und argumentativ darstellen zu können, zu einem der Schlüsselfaktoren für schwache Interessen. Gerade der Mangel an Drohpotenzial, der schwachen Interessen eigen ist, kann tendenziell durch argumentative Strategien ausgeglichen werden (vgl. am Beispiel von Wohnungslosen Ruß 2005: 55). Angesichts der von Nullmeier konstatierten „Reökonomisierung des öffentlichen Diskurses" (2000: 98) sieht dieser aber die öffentliche Diskussion auf wenige Argumentationsmuster reduziert. Unter den Bedingungen eines „exklusiven Produktivismus" (108) seien ethische Argumente und die Betonung der funktionalen Notwendigkeit der eigenen Interessen für die gesamte Gesellschaft eher unwirksam. Dagegen hält Nullmeier die Anrufung einer allgemeinen Moral in Kombination mit dem Argument der Selbstzerstörung (wenn schwache Interessen nicht berücksichtigt werden, so führe dies zu einer Zerstörung des bestehenden Systems) für ein tragfähiges Argumentationsmuster zur Rechtfertigung schwacher Interessen.

Wie Sabine Ruß (2005) zeigt, kann ein schwaches Interesse insbesondere in dem Fall Berücksichtigung finden, wenn es gelingt, ein gesellschaftliches ‚Problem' zu definieren und zugleich Lösungswege anzubieten, die von der Gesellschaft akzeptiert werden können. Effizient und effektiv gelöst muss es dann natürlich noch lange nicht sein. Das zeigt etwa das prominente Beispiel des Klimawandels, bei dem mit dem Emissionshandel eine für die Industrie akzeptable Lösung angeboten wurde, deren asymmetrische Nutzen- und Kostenbilanz und geringe Effizienz aber heftig kritisiert werden. Prinzipiell ist festzuhalten, dass eine Stärkung schwacher Interessen ohne eine Veränderung der ihre Situation (mit)umfassenden gesellschaftlichen Problemdeutung nicht vorstellbar ist. Ob Einwanderer – ein in diesem Band diskutiertes Fallbeispiel für ein ,schwaches Interesse' – primär als wirtschaftliche Ressource oder als kulturelle Bedrohung wahrgenommen werden, macht einen Unterschied für die Einbeziehung ihrer Interessen in gesellschaftliche Entscheidungsprozesse.

Helen Schwenken zeigt, dass ausgerechnet irreguläre MigrantInnen mit dem Slogan ,Ihr braucht uns' relativ erfolgreich ihre funktionale Notwendigkeit im ökonomischen System als Argumentationsmuster eingesetzt haben (2007: 323). Damit wird auch deutlich, dass erwerbsbezogene Interessen und schwache Interessen im konkreten Fall nicht eindeutig unterschieden werden können. Schwenken konstatiert, „dass sich keine generellen Aussagen über die politischen Mobilisierungen von schwachen Interessen treffen lassen. Weder ist die Verfügbarkeit über Ressourcen oder einflussreiche Verbündete entscheidend, noch die Wahl von Argumentationen mit der vermeintlich größten Resonanz." (323f) Sie argumentiert, dass die Logik des kollektiven Handelns letztlich nur fallspezifisch beurteilt werden könne.

Das Argument der wirtschaftlichen Nützlichkeit mag fraglos auf der Ebene des ,arguing' für schwache Interessen ein probates Stärkungsmittel sein, doch steht dem entgegen, dass schwache Interessen normalerweise eben gerade nicht primär wirtschafts- bzw. erwerbsbezogen sind?

Tatsächlich definiert(e) beispielsweise Nullmeier ähnlich wie Winter/Willems (2000: 15) schwache Interessen „als Nicht-Erwerbs- und Nicht-Konsum-Interessen" (Nullmeier 2000: 94). Da Erwerbsinteressen strukturell privilegiert seien, so Nullmeier, können schwache Interessen nur als strukturell nicht-erwerbsbezogene definiert werden. Diese Perspektive, die der bundesdeutschen Tradition eines starken Korporatismus geschuldet ist, blieb nicht unwidersprochen.[1] So entwirft Ingo Bode „Konturen eines postkorporatistischen Szenarios politischer Interessensvermittlung" (2000: 306), in dem die klassischen Verteilungskartelle von Arbeitgeber- und Arbeitnehmerverbänden an Reichweite und Bedeutung verlieren. Das öffnet die politische Arena für neue Akteure, geht aber auch mit unsichereren Ergebnissen von Konflikten um Verteilung und Partizipation einher. Bode betont Besonderhei-

---

[1] Nullmeier hat die definitorische Trennung von schwachen und erwerbsbezogenen Interessen inzwischen aufgegeben (Vortrag und Diskussion mit Frank Nullmeier am 15. April 2008 in der Universität Kassel).

ten in Frankreich, die eine Mobilisierung schwacher Interessen vereinfachen: Sozial engagierte Organisationen sind hier oft nur lose an den Staat angebunden und agieren eher konfliktorientiert; die Zivilgesellschaft ist wenig organisiert, dafür aber um so protestfreudiger. Letztlich könnten aber schwache Interessen ihre Lage eher durch Koalitionen mit den Starken verbessern – wobei solche Koalitionen zumindest in Frankreich durchaus anzutreffen seien. Daher gebe es auch keinen „schlichten Gegensatz von starken und schwachen Interessen" (ebd.: 309).

Zudem hält Bode es nicht für ausgemacht, dass der wachsenden öffentlichen Aufmerksamkeit für schwache Interessen auch deren effektive politische Berücksichtigung folgt. Inwiefern Interessen schwacher Gruppen in Governance-Prozessen gestärkt werden, stellt eine entscheidende Variable für den Grad an Zustimmung zum politischen System insgesamt dar (Papadopoulos 2004: 225). Als zentrale Stellgröße gilt hier zum einen die größtmögliche direkte Beteiligung aller Betroffenen (Partizipation). Zum anderen gilt es aber auch, Diskussionsarenen jenseits der klassischen, von der Parteipolitik organisierten Repräsentation herzustellen, in denen möglichst alle Interessen und Positionen, unabhängig von ihrer verbandsmäßigen kollektiven Existenz ihre argumentative Vertretung haben. Über solche Mechanismen der Deliberation soll die Rationalität kollektiver Entscheidungsfindung erhöht werden. Durch Partizipation wird versucht, die Handlungsfähigkeit von schlecht organisierten Gruppen zu stärken (‚Empowerment'), eine maximale Anzahl an Interessen und Problemlagen in Politiklösungen einzubeziehen und Politikvorschlägen durch Einbindung (und nicht unbedingt durch Durchsetzung der Interessen der Eingebundenen) höhere Akzeptanz zu verschaffen. Durch Deliberation erhalten politische Repräsentanten größere Freiheit in der Gestaltung der Politiklösungen, dies kann einen effizienten Output im Sinne der Repräsentierten begünstigen (Papadopoulos 2004: 230). Die BefürworterInnen deliberativer Institutionen versprechen sich ein höheres Maß an Inklusivität zugunsten schwacher Interessen, die sich in der Konkurrenz organisierter Interessen nicht durchsetzen können und im parteipolitischen Wettbewerb ignoriert werden.

Ob dem so ist, wird von der politikwissenschaftlichen Forschung zur Messung von Demokratiequalität und Demokratisierung kontrovers beurteilt. So hat u.a. Philippe C. Schmitter zu Recht davor gewarnt, in einer quantitativen Ausweitung von Partizipation und der Einführung von deliberativen Elementen automatisch eine ‚demokratischere' Form gesellschaftlicher Regulierung garantiert zu sehen. Er bringt als Qualitätskriterium für Demokratie auch Zurechenbarkeit und Verantwortung für verbindliche kollektive Entscheidungen in Erinnerung (Schmitter 2003). Legt man im Anschluss an den von Fritz Scharpf und Giovanni Sartori definierten komplexen Demokratiebegriff (Scharpf 1970; Sartori 1992) bei der Einschätzung der Qualität institutioneller Arrangements die Input- *und* die Output-Seite des Regierens zugrunde, so müssen unbedingt auch die Ergebnisse und Auswirkungen der gefundenen Regelungen einbezogen werden. Je nach ihrer konkreten Ausgestaltung können Partizipation und Deliberation die Lebensbedingungen schwacher Akteure verbessern oder – im anderen Extremfall – Exklusionsprozessen zusätzliche Legitimität verleihen.

Eine Fallstudie zum Inklusionspotenzial deliberativer Gremien zeigte am Beispiel der Hartz-Kommission, dass dieser Anspruch nicht einlösbar ist, sobald die Diskussion innerhalb eines bestimmten, für schwache Interessen ungünstigen Bezugsrahmens geführt wird. In diesem Fall war die Möglichkeit der Empfänger von sozialen Transferleistungen, ihre Interessen als legitim darzustellen, durch den ökonomischen Bezugsrahmen dieser Kommission a priori geschwächt (Blaes-Hermanns 2007: 144f).

Grundsätzlich ist das aktuelle postkorporatistische Szenario häufig dadurch charakterisiert, dass zwar neue Akteure in den Entscheidungsnetzwerken zugelassen werden, die Entscheidungen jedoch vor ihrer Einbeziehung schon zwischen starken Akteuren ausgehandelt wurden. In diesem Fall beschränkt sich das partizipative Moment von Governance auf eine Schaufenster-Funktion. Die Ausrichtung an effizientem Regieren verabschiedet sich hier von „staatlicher Ergebnisverantwortung", und Governance steht dann „für Steuerungsverzicht bzw. die faktische Ausrichtung von Steuerungsprozessen an Interessen sanktionsstarker Gruppen" (Bode 2007: 401f, die entsprechende Kritik zusammenfassend).

Für gering organisierte und mit Informationen, Zeit und Bildung schlecht ausgestattete Akteure stellt die zunehmende Bedeutung der überstaatlichen Ebenen ein weiteres Problem für die Vertretung ihrer Interessen dar (Benz 2004). Wir analysieren Veränderungsprozesse von Staatlichkeit daraufhin, ob in ihnen unterprivilegierte Akteure neue Möglichkeiten der Partizipation erhalten oder ob ihre Ressourcen und Handlungsmöglichkeiten stärker eingegrenzt werden. Anhand konkreter empirischer Forschungen können die Bedingungen, Mechanismen und Resultate gelingender Berücksichtigung und Durchsetzung schwacher Interessen bzw. die Gründe für ihre fortdauernde Vernachlässigung und Ausgrenzung benannt werden.

Der Vernachlässigung der schwachen Interessen in der Governance-Forschung entspricht eine bisher nur unzureichende Beachtung von sozialpolitischen Institutionen als Bestandteile von Governance (Ebbinghaus/Manow 2001). Die Instrumente Partizipation, Deliberation und Subsidiarität haben in demokratischen Gesellschaften eine nicht klar definierte und in zahlreichen Bereichen eher randständige Bedeutung. Wege und Prozesse, ihnen mehr Geltung zu verschaffen, spielen in der Governance-Literatur bisher kaum eine Rolle. Daher geht es uns auch darum, die Frage zuzuspitzen, wie Governance-Formen die demokratische Kontrolle gewährleisten und die Interessen benachteiligter Akteure durchsetzen bzw. diesen Interessen die Durchsetzung ermöglichen. Damit verbinden sich Teilfragen wie die Untersuchung von Vor- und Nachteilen der Harmonisierung (Zentralisierung) einerseits und Unterschiedlichkeit (Dezentralität) politischer Zuständigkeiten andererseits, die Analyse der Auswirkungen internationaler Institutionen und Verträge auf nationalstaatliche Politikentscheidungen oder auch die Betrachtung der Entstehungsbedingungen und Wirkungsweisen spezieller Formen von (globaler) Governance in unterschiedlichen Handlungsfeldern (z.b. im internationalen Dienstleistungs- und Güterverkehr, im Bildungsbereich etc.). Komplexe Steuerungsformen versprechen einerseits mehr Partizipationschancen, bergen aber andererseits auch Gefahren für so genannte schwache Interessen. Angesichts der vermehrten marktwirtschaftlichen Elemente beim Regieren und Verwalten stellt sich die Frage, inwieweit die im Wettbewerb unterlegenen gesellschaftlichen Gruppen sich noch ausreichend Gehör im politischen Prozess verschaffen können (Rucht et al. 2000). Uns geht es daher darum, Kriterien dafür zu entwickeln, a) welche Governance-Formen in je konkreten Kontexten Asymmetrien entgegenwirken, b) wie ihre Umsetzung kontrolliert werden kann und c) wie diese Governance-Formen und deren Umsetzung politisch durchgesetzt werden können.

Zu den Beiträgen des Bandes

Die Kapitel des hier vorgelegten Buches verknüpfen die Perspektiven der Governance-Forschung über verschiedene disziplinäre Grenzen hinweg. Der Anspruch der Governance-Theorie, verschiedene Akteursgruppen sowie verschiedene Handlungsebenen in ihrem Zusammenwirken zu analysieren, erfordert auch eine Horizonterweiterung der fachwissenschaftlich geprägten Perspektive bisheriger Ansätze. Bislang hat sich dies in der Forschung vor allem in verschiedenen fachspezifischen Governance-Diskussionen niedergeschlagen, die oftmals stark divergierende Begriffe von Governance entwickelt haben (Educational Governance, Governance des Rechts, Economic Governance ...). Der Kasseler Forschungsverbund zeichnet sich dadurch aus, die Diskussion wieder zusammenzuführen und gemeinsam eine kritische Perspektive auf die Veränderungen von Governance zu erarbeiten. PädagogInnen, ÖkonomInnen, JuristInnen und PolitikwissenschaftlerInnen arbeiten in den einzelnen Projekten zusammen. Die Interdependenz verschiedener gesellschaftlicher Felder und Funktionslogiken kann nur durch eine transdisziplinäre Perspektive erfasst werden.

Die Kapitel dieses Bandes zeigen noch keine Forschungsergebnisse. Sie beleuchten vielmehr den Forschungsstand der Governance-Forschung kritisch aus bisher kaum genutzten disziplinären Blickwinkeln und identifizieren Forschungsdesiderate bezüglich der Frage struktureller Asymmetrien. Das Spektrum der als ‚schwache Interessen' in jeweiligen Kontexten identifizierten Gruppen ist sehr weit gefasst und reicht in den Beiträgen von PatientInnen, BerufsschülerInnen, HochschullehrerInnen, MigrantInnen und ArbeiterInnen hin zu KonsumentInnen. Inwiefern sich jede dieser Gruppen letztlich als mit ‚schwachen Interessen' ausgestattet beschreiben lässt, wird sich im weiteren Verlauf der Diskussion noch zeigen.

Die öffentliche Gesundheitsvorsorge wird in diesem Band gleich von zwei Beiträgen in den Blick genommen. Infolge der Einführung neuer Formen hybrider Steuerung entsteht laut *Ingo Bode* in diesem Bereich ein Zustand disorganisierter Governance, in dem markt- wie netzförmige Steuerungsformen zusammenwirken. Er hält zunächst fest, dass in der aktuellen Governance-Literatur die Relevanz von netzwerkförmiger Steuerung ohne empirische Belege vorschnell als Überwindung von marktförmiger Steuerung gedeutet wird. Realiter nehme die Reichweite von Steuerung durch den Markt eher zu. Bode unterscheidet analytisch zwischen verschiedenen Koordinationslogiken netzwerk- und marktbasierter Steuerungsformen: Während Vernetzung auf Konsenssuche und Abstimmung basiert, orientieren Marktprozesse die Akteure auf Diskontinuität und Segregation hin. Das deutsche Gesundheitssystem beschreibt Bode als traditionell konsensorientiertes Netzwerk von Verbänden, das in einen staatlich determinierten Kontext eingebettet ist. Mit der Einführung der Konkurrenz um Kassenmitglieder sowie des Vertragswettbewerbs wurden in den 1990er Jahren erstmals in größerem Ausmaß Marktelemente eingeführt. Bode betont, dass im Fall der Gesundheitsversicherung bereits bestehende netzwerkartige Koordination zunehmend durch marktförmige Steuerung überlagert werde. Obwohl in dieser Konstellation Kooperation *an sich* ausgebaut werde, sei sie zugleich stärker durch Brüche und Unsicherheit geprägt, so dass von *disorganisierter* Governance zu sprechen sei. In der Gesamtbilanz konstatiert Bode für die schwachen Interessen sozial Unterprivilegierter eine weitere Schwächung durch die zunehmende Unberechenbarkeit der Versorgungsleistungen. Es gebe zwar insgesamt mehr Vernetzung, aber der durch zunehmende Vermarktlichung gebrochene Modus dieser Vernetzung sei im Hinblick auf die Interessen sozial Schwacher problematisch, weil gerade sie unter den mit diesem Modus auftretenden Instabilitäten im Versorgungssystem am meisten zu leiden haben.

Auch *Andreas Hänlein* und *Wolfgang Schroeder* konstatieren, dass der Wettbewerb zwischen den Krankenkassen den Einfluss der Versicherten in der Selbstverwaltung eher geschwächt hat. Auch der Rechtsschutz der Patienten durch die Sozialgerichte werde dadurch beeinträchtigt, dass Maßnahmen des so genannten „Gemeinsamen Bundesausschusses" verbindlicher geworden sind. Zugleich gibt es seit 2004 auf Bundesebene gesetzlich geregelte Mitwirkungsrechte von Interessenorganisationen der Patienten. 2007 wurde die Stellung der Patientenvertreter weiter gestärkt. Mit einer 2005 erfolgten Entscheidung des Bundesverfassungsgerichts wurde der Schutz durch die Sozialgerichte wieder für bestimmte Fälle erhöht. Nach Einschätzung von Hänlein und Schroeder ist es derzeit noch schwer zu beurteilen, ob die Schwächung der Interessen von Patienten durch die Stärkung der Patientenbeteiligung kompensiert werden kann.

Ute Clement untersucht, welche neuen Steuerungsformen angesichts einer sinkenden Zahl von betrieblichen Ausbildungsplätzen die berufliche Bildung erfolgreicher machen können. Zurzeit wird dort mit zwei Trends experimentiert. Beim ersten Modell verstehen sich die Kommunen als Verantwortungsträger, die gemeinsam mit beruflichen Schulen und kommunalen Vereinen und Organisationen für die Teilhabe der Jugendlichen an Gesellschaft und Arbeitsmarkt Sorge tragen. Bei diesem Modell besteht die Gefahr, dass Berufsschulen eher kompensatorische Sozialarbeit leisten, statt eine gleichwertige Partizipation auf dem Ausbildungs- und Arbeitsmarkt bzw. entsprechende Entlohnung zu gewährleisten. Das zweite Modell der ökonomisch aktiven beruflichen Schule, die ihre Kompetenzen und Ressourcen marktgerecht nutzt, sorgt dagegen für eine schnelle Marktintegration erfolgreicher Jugendlicher. Hier können jedoch als ‚Problemgruppen' identifizierte Schüler von der Förderung ausgeschlossen bleiben. Am Beispiel der beruflichen Schulen wird deutlich, dass neue Governance-Perspektiven als politische Chance begriffen werden, um die Sackgassen, in die bestimmte Institutionen geraten sind, aufzulösen. Im Fall der beruflichen Schulen zeichnet sich ab, dass den negativen Auswirkungen des Marktes auf die Ausbildungssituation nur dann entgegengewirkt werden kann, wenn der Markt selbst verändert wird. Auf die Schulen beschränkte Veränderungsansätze reproduzieren offenbar die bestehenden Widersprüche, denen sie ausgesetzt sind.

Barbara Kehm und *Marek Fuchs* beleuchten mit den deutschen Hochschulen einen Bereich, in dem die Einführung einer outputorientierten Steuerung über Elemente wie Globalhaushalte und Zielvorgaben nachgerade eine Kulturrevolution ausgelöst und die Traditionsbestände einer akademischen Selbstverwaltung und der Autonomie der Wissenschaft zugunsten einer Stärkung der Leitungsebenen geschwächt hat. Am konkreten Beispiel wird deutlich, dass Fachbereiche durch Zielvereinbarungen stärker von Präsidium oder Rektorat zur Einwerbung von Drittmitteln gedrängt werden. Für die Forschung hat sich der Zwang zur Drittmittelakquise insofern ausgewirkt, als es mehr Kooperation und mehr interdisziplinäre Forscherteams gibt, aber auch mehr Popularisierung von Forschungsergebnissen und mehr

Kontrolle durch die Universitätsleitung. Daher sind unorthodoxe Forschungsperspektiven schwerer aufrechtzuerhalten. Kehm und Fuchs formulieren die These, dass gerade die drittmittelstarken Forschergruppen, die sich an den marktförmigen Erfordernissen orientieren, die tradierten Elemente einer selbstgesteuerten akademischen Kultur besser bewahren können. Sie gehen davon aus, dass es in diesem Umbruchprozess durchaus auch zu einer produktiven Integration von Wissenschaftslogik und neuen Governance-Elementen kommen kann, so dass Forschende und Lehrende nicht notwendig zu schwachen Akteuren beim Umbau der Hochschulen werden.

Der Beitrag von *Esther Mikuszies, Jörg Nowak, Sabine Ruß* und *Helen Schwenken* zeigt am Beispiel der MigrantInnen, inwiefern die offizielle, rechtlich normierte Kategorienbildung von Betroffenen- bzw. Adressatengruppen von Politik die Stärke eines Interesses innerhalb eines Governance-Arrangements vorbestimmt. Die Betrachtung dieses Beispiels bestätigt einmal mehr die These ,institutions do matter'. Dies gilt insbesondere für die schwachen Interessen unterprivilegierter Gruppen, die formalisierte Zugangsrechte zu den gesellschaftlichen Entscheidungsprozessen benötigen, da informelle Netzwerke im Bereich der Macht zur Exklusivität tendieren. Die Versuche, die Organisationen von MigrantInnen auf nationaler und lokaler Ebene in besonderen Foren zu integrieren, unterscheiden sich innerhalb der EU recht stark. Den Vorteilen einer symbolischen Anerkennung der Migrationsbevölkerung durch diese Foren stehen die Nachteile der Konstruktion von Sondergruppen und der unverbindlichen, deliberativen Einbindung ohne Verhandlungsmandat und Vetomacht gegenüber. In mehreren Ländern stellt sich zudem das Problem, dass der offizielle Dialog mit MigrantInnen vor allem mit konservativen religiösen Repräsentanten geführt wird. Damit steht auch die Repräsentativität solcher Formen der Partizipation infrage. Sichtbar wird also zunächst eine Kluft zwischen der Pluralisierung von Repräsentationsformen und einer realen Partizipation der Migrationsbevölkerung. Ob die neuen Repräsentationsformen die Inklusivität des politischen Systems vergrößern oder es lediglich simulieren, ist noch nicht ausgemacht.

Christoph Scherrer, Andreas Hänlein, Miriam Heigl und *Claudia Hofmann* verweisen darauf, dass sich Lohnabhängige zwar strukturell in einer schwächeren Position gegenüber den Unternehmen befinden, Gruppen von Lohnabhängigen es jedoch immer wieder schaffen, durch kollektives Handeln auf dem Arbeitsmarkt und im politischen System Machtpositionen zu erringen. Nachgefragte, nur mit Aufwand zu erwerbende Qualifikationen können dabei als Machtressourcen dienen. Errungene Machtpositionen auf dem Markt können den Machterwerb im politischen System begünstigen, und umgekehrt. Inwiefern die Interessen von Lohnabhängigen als ,schwache Interessen' gelten können, ist situativ abhängig von ihrer Stellung auf dem Arbeitsmarkt, ihrer Verankerung in zivilgesellschaftlichen und politischen Institutionen und ihrer Fähigkeit, Diskurse zu beeinflussen. Derzeit schwächt die Globalisierung die organisierte Arbeiterschaft in den reichen Industrieländern, in den ärmeren Ländern fehlt es weithin an einem wirksamen arbeitsrechtlichen Schutz. Der Beitrag geht der Frage nach, inwiefern das öffentliche Beschaffungswesen als Instrument zur Durchsetzung von Sozialstandards und damit zur Absicherung von am Markt ‚schwachen' Lohnabhängigen geeignet ist. Die Diskussion steht jedoch noch am Anfang. Weder ist die rechtliche Zulässigkeit dieses Instruments abschließend geklärt, noch besteht Konsens hinsichtlich seiner Effektivität und Effizienz. Die Skizze der akademischen Kontroversen machte aber zumindest deutlich, dass die offenen Fragen nicht losgelöst vom jeweiligen Kontext diskutiert werden können. Zum einen spielt die inhaltliche und prozedurale Füllung der sozialen Vergabekriterien eine Rolle. Zum anderen ist davon auszugehen, dass der jeweilige wirtschaftliche und politische Kontext entscheidend die Wirksamkeit und das Kosten-Nutzen-Verhältnis beeinflusst. Im September 2009 wurde im Land Berlin eine entsprechend EU-Recht modifizierte Vergaberegelung verabschiedet, so dass in Kürze neue Erfahrungen mit diesem Instrument vorliegen werden.

Dass schwache Interessen auch diffusen Gruppen wie der Bevölkerung zugeordnet werden können, machen *Alexander Roßnagel* und *Georg von Wangenheim* in ihrem Artikel zum Umweltrecht deutlich. Sie stellen die Interessen von Unternehmen in einen Gegensatz zu den ‚Umweltinteressen', die nicht von der Umwelt selbst, sondern von umweltbezogenen Akteursgruppen vertreten werden. Da die von Umweltschäden Betroffenen sehr zerstreute Personengruppen sind und nicht im Vorhinein fest steht, wer von diesen Schäden betroffen sein wird, ist diese Gruppe extrem schwer zu organisieren und allein schon deshalb schwach. Rechtlich gesehen sind solche Interessen weder verfahrensmäßig noch organisatorisch abgesichert, obwohl sie im Grundgesetz berücksichtigt sind. Roßnagel und von Wangenheim fragen, welche Erfolge vom bereits eingeführten Konzept der Selbstregulierung beim Umweltschutz zu erwarten sind. Bei Selbstregulierung gibt der Staat die Regulierung an die privaten, potenziell die Umwelt verschmutzenden Akteure ab. Eine erfolgreiche Selbstregulierung erfordert staatlich festgelegte Rahmenbedingungen. Dies setzt jedoch voraus, dass Umweltinteressen bereits im Staat stark vertreten sind. Damit wird deutlich, dass nicht die Form der Regulierung allein ausschlaggebend ist, sie jedoch eine hinreichende Bedingung darstellen kann.

Alle Beiträge des Sammelbands bestätigen, dass ‚schwache Interessen' eine relationale Kategorie ist, deren Ausprägung kontextabhängig ist. In der Mehrzahl der in diesem Sammelband untersuchten Felder haben der größere Einfluss von Marktsteuerung und/oder die Einführung von deliberativen und symbolischen Formen der Partizipation größere Unsicherheit für die schwachen Interessen zur Folge. Freiwillige Selbstverpflichtungen im Bereich der Umwelt, bei Sozialstandards und Ausbildungsplätzen haben wenig Effekte gezeigt. Die neuen Partizipationsmöglichkeiten für Patienten und MigrantInnen ersetzen keine verbindlichen Rechte und Ansprüche, auch wenn sie im Einzelnen Fortschritte bedeuten. Weniger Berechenbarkeit von sozialen Regeln für alle geht zwar mit Vorteilen für bestimmte Gruppen und größerer Flexibilität einher, die ‚unflexiblen' Interessen der Schwächeren werden jedoch damit nicht unterstützt. So ist die Partizipation von MigrantInnenvertretern beim ‚Integrationsgipfel' zwar erfreulich, sie ersetzt jedoch nicht verbindliche Regelungen zum leichteren Zugang zur Staatsbürgerschaft oder zur Partizipation auf dem Arbeitsmarkt, die effektiv die Benachteiligung von MigrantInnen verringern würden. Die Governance-Maßnahmen, die zur Stärkung von schwachen Interessen vorgeschlagen werden, orientieren darauf, staatliche Rahmenbedingungen festzulegen: etwa bei der Einhaltung von Umweltstandards oder der Vergabe öffentlicher Aufträge. Wie und mit welchen Regulierungsformen öffentliche Aufgaben erbracht werden, ob in Netzwerken, marktgesteuert oder innerhalb staatlicher Hierarchien, scheint weniger entscheidend zu sein als die verbindlich gesetzten Rahmenbedingungen für diese Aufgaben. Hier erweist sich die Schlüsselrolle des Staates als Vermittler gesellschaftlich formierter Interessen: Bleiben die Rahmenbedingungen vage, so setzen sich strukturell privilegierte Gruppen durch. Eine ‚Verhandlungsdemokratie' ohne intentionale Steuerung zugunsten von schwachen Interessen wird dieselben Gruppen bevorzugen, die bereits die besseren Positionen bekleiden. Daher hängen die Ergebnisse von Steuerung nicht nur von ihren Formen, sondern auch wesentlich von den in diesen Formen organisierten gesellschaftlichen Kräften und deren sozialen und politischen Zielen ab.

Literatur

Benz, Arthur (Hrsg.) (2004): Governance – Regieren in komplexen Regelungssystemen. Wiesbaden: VS Verlag für Sozialwissenschaften

Blaes-Herrmans, Nora (2007): Argumentations- und Rechtfertigungsstrategien im Armutsdiskurs. Das Inklusionspotenzial deliberativer Gremien am Beispiel der Hartz-Kommission. In: W. Thaa (Hrsg.): Inklusion durch Repräsentation. Baden-Baden: Nomos, 129-147

Blanke, Bernhard/Lamping, Wolfram/Schridde, Henning/Plaß, Stefan (2005): Vom aktiven zum aktivierenden Staat. Leitbilder, Konzepte und Strategien zur Reform des öffentlichen Sektors. Wiesbaden: VS Verlag für Sozialwissenschaften

Bode, Ingo (2000): Die Starken und die Schwachen – ein kompliziertes Verhältnis. Erfahrungen aus Interessenvermittlungsprozessen in Frankreich. In: U. Willems, T. von Winter (Hrsg.): Politische Repräsentation schwacher Interessen. Opladen: Leske und Budrich, 285-313

ders. (2007): Wohlfahrt. In: A. Benz, S. Lütz, U. Schimank, G. Simonis (Hrsg.): Handbuch Governance. Wiesbaden: VS Verlag für Sozialwissenschaften, 401-412

Brütt, Christian (2009): Workfare als Mindestsicherung – der Fall Deutschland. In: Kurswechsel, H. 4, i.E.

Dörre, Klaus (2003): Das flexibel-marktzentrierte Produktionsmodell – Gravitationszentrum eines 'neuen Kapitalismus'? In: ders., B. Röttger (Hrsg.): Das neue Marktregime. Hamburg: VSA, 7-34

Ebbinghaus, Bernhard/Manow, Philip (2001): Varieties of Welfare Capitalism: An Outlook on Future Research", in: dies. (Hg.): Comparing welfare capitalism. London: Routledge Chapman & Hall, 304-351

Heinelt, Hubert (2008). Demokratie jenseits des Staates. Partizipatives Regieren und Governance. Baden-Baden: Nomos.

Jessop, Bob (1994): Veränderte Staatlichkeit. Veränderungen von Staatlichkeit und Staatsprojekten. In: D. Grimm, E. Grimm (Hrsg.): Staatsaufgaben. Baden-Baden: Nomos, 43-73

Kädtler, Jürgen (2003): Globalisierung und Finanzialisierung. Zur Entstehung eines neuen Begründungskontextes für ökonomisches Handeln. In: K. Dörre, B. Röttger (Hrsg.): Das neue Marktregime. Hamburg, VSA, 227-249

Käpplinger, Bernd/Puhl, Achim (2003): Zur Zertifizierung von Kompetenzen. In: DIE, Zeitschrift für Erwachsenenbildung, 10. Jg., H. 2, 45-47

Laclau, Ernesto/Mouffe, Chantal (1985/2000): Hegemonie und radikale Demokratie. Zur Dekonstruktion des Marxismus. Wien: Passagen

Lessenich, Stephan (2007): Die Moralökonomie der Sozialstaatsreform in Deutschland. In: K. Scheiwe (Hrsg.): Soziale Sicherungsmodelle revisited. Baden-Baden: Nomos, 2007, 39-48

Mayntz, Renate (2004): Governance im modernen Staat. In: A. Benz (Hrsg.): Governance – Regieren in komplexen Regelsystemen. Wiesbaden: VS Verlag für Sozialwissenschaften, 65-76

Nullmeier, Frank (2000): Argumentationsmacht und Rechtfertigungsfähigkeit schwacher Interessen. In: U. Willems, T. von Winter (Hrsg.): Politische Repräsentation schwacher Interessen. Opladen: Leske und Budrich, 93-109

ders. (2008): Schwache Interessen, Vortrag an der Universität Kassel, 15. April, Ms.

Papadopoulos, Yannis (2004): Governance und Demokratie. In: A. Benz (Hrsg.): Governance – Regieren in komplexen Regelsystemen. Wiesbaden: VS Verlag für Sozialwissenschaften, 215-237

Pringle, Rosemary/Watson, Sophie (1992): Women's Interests and the Poststructuralist State. In: M. Barrett, A. Phillips (Hrsg.): Destabilizing Theory. Stanford: Stanford University Press, 53-73

Rucht, Dieter/della Porta, Donatella/Kriesi, Hanspeter (Hrsg.) (2000): Social Movements in a Globalizing World. London: Palgrave

Ruß, Sabine: Interessenvertretung als Problemkonstruktion. Schwache Interessen im politischen Kräftefeld moderner Demokratien am Beispiel Wohnungsloser in Frankreich und den USA. Baden-Baden: Nomos

Sartori, Giovanni (1992): Demokratietheorie. Darmstadt:Wissenschaftliche Buchgesellschaft

Scharpf, Fritz W. (1970): Demokratietheorie zwischen Utopie und Anpassung. Konstanz: Universitätsverlag

Scherrer, Christoph (2000): Global Governance: Vom fordistischen Trilateralismus zum neoliberalen Konstitutionalismus, in: Prokla Zeitschrift für kritische Sozialwissenschaft, 30. Jg, H. 1, 13-38

ders. (2008): Bleibt das US-Finanzkapital trotz Krise hegemonial? in: Prokla Zeitschrift für kritische Sozialwissenschaft, 38. Jg, H. 4, 535-559

Schmitter, Philippe C. (2003): Wie könnte eine ‚postliberale' Demokratie aussehen? Skizzenhafte Vermutungen und Vorschläge. In: C. Offe (Hrsg.): Demokratisierung der Demokratie. Frankfurt am Main: Campus, 152-165

Schneider, Volker (2000): Organisationsstaat und Verhandlungsdemokratie. In: R. Werle, U. Schimank (Hrsg.): Gesellschaftliche Komplexität und kollektive Handlungsfähigkeit. Frankfurt am Main: Campus, 253-255

Schwenken, Helen (2006): Rechtlos, aber nicht ohne Stimme. Politische Mobilisierungen um irreguläre Migration in die Europäische Union. Bielefeld: Transcript

Von Winter, Thomas/Willems, Ulrich (2000): Die politische Repräsentation schwacher Interessen: Anmerkungen zum Stand und zu den Perspektiven der Forschung. In: Dies. (Hrsg.): Politische Repräsentation schwacher Interessen. Opladen: Leske und Budrich, 9-36

Walther, Andreas (2006): Schwierige Übergänge. In: Gesprächskreis Arbeit und Qualifizierung FES und IAB (Hrsg.): Übergänge zwischen Schule und Beruf und darauf bezogene Hilfesysteme in Deutschland. Berlin, 37-42

Disorganisierte Governance und Unterprivilegierung
Die Konsequenzen neuer Steuerungsformen in der gesetzlichen Krankenversicherung

Ingo Bode

Seit längerer Zeit kursiert in mit öffentlichen Dienstleistungen befassten sozialwissenschaftlichen Foren die Vorstellung, dass sich solche Dienstleistungen heute nur mehr im Rahmen eines Steuerungsmix effektiv (und effizient) organisieren lassen – also nicht länger ‚top-down' unter alleiniger Staatsregie. Im Grunde war dies bereits die Botschaft der sich in den 1980er Jahren international durchsetzenden Reformdoktrin des ‚New Public Management' (NPM; Pollitt et al. 2007) bzw. der ‚Neuen Steuerung' (Weiß 2002); der endgültige Durchbruch dieser Idee kam dann mit der Debatte über netzwerkbasierte Steuerung als Ankerpunkt eines dritten Wegs, für den im deutschen Sprachraum der ‚Governance'-Begriff reserviert worden ist (Jann/Wegrich 2004).

Im Kern ging es hier jeweils um hybride Koordination. NPM-Modelle sahen *marktförmige Steuerungsmechanismen* vor, um Effizienzreserven zu erschließen; weil aber die dazu einzusetzenden Steuerungsmechanismen – also: wettbewerbliche Leistungserstellung, die Trennung von Käufern und Produzenten (‚purchaser-provider split'), leistungsorientierte Vergütung und Mittelvergabe etc. – dennoch auf einer hochgradig formalisierten Kontextsteuerung beruhen sollten, war letztlich hybride Koordination gefragt – und nicht der Ersatz bürokratischer durch rein wettbewerbliche Steuerung. Für Verfechter des *Netzwerkansatzes* wiederum war hybride Koordination geradezu *das* Markenzeichen: Unterstellt wurde, dass unter Bedingungen wachsender Problemkomplexität partnerschaftlichen Steuerungsinstanzen (runde Tische, Vertragsgemeinschaften, public-private-partnerships etc.) wachsende Bedeutung zukäme bzw. zukommen müsse (Löffler 2009). Auch hier wurde de facto mehr hybride Koordination erwartet – zusammen mit einem Formwandel des Staates hin zu dem, was man hierzulande als ‚Gewährleistungsstaat' bezeichnet (Schuppert 2001).

Empirische Hinweise, die solche Thesen untermauern (sollen), bezogen sich dabei bislang meist auf politische Deklarationen, Beratungstätigkeiten kleiner Expertenzirkel oder einzelne lokale Leuchtturmprojekte, während gleichzeitig die realen Entwicklungen in den großen Feldern öffentlicher Daseinsvorsorge nur oberflächlich in Augenschein genommen wurden. Das, was neue Steuerungsformen bzw. ein bestimmtes Governance-Regime – definiert als ein „empirisch zu bestimmender Gesamtzusammenhang verschiedener Formen der Handlungskoordination" (Kussau/Brüsemeister 2007: 118) – tatsächlich in Gang setzen oder bewirken (können), lässt sich jedoch erst aus breiter angelegten empirischen Analysen ableiten, die organisations- bzw. verwaltungssoziologische Perspektiven mit Elementen der Sozialpolitik- und Sozialstrukturanalyse verbinden. Zentrale Fragen sind hierbei: Wie interagieren verschiedene Steuerungsformen – also: Hierarchie, Netzwerk und (nicht zuletzt) Markt – innerhalb eines gegebenen Governance-Regimes? Und welche Konsequenzen hat es, wenn sich dabei die Gewichte verschieben – auch im Hinblick auf diejenigen, die, als zentrale Adressaten öffentlicher Dienstleistungen, bezüglich des Zugangs zu materiellen und auch politischen Ressourcen gemeinhin als unterprivilegiert gelten?

Dies sind die Fragen, die an den vorliegenden Beitrag herangetragen werden. Sein Augenmerk richtet sich schwerpunktmäßig auf die Art und Weise, wie *netzwerkförmige und marktförmige Steuerungsroutinen* ineinander greifen. Diese Frage ist naheliegend, da – anders als gelegentlich insinuiert wird – NPM-basierte Steuerungsmodelle nach wie vor einflussreich sind. Um Aufschlüsse über die realen Folgen neuer Steuerungsformen zu gewinnen, werden diejenigen Instanzen fokussiert, die in Kontexten hybrider Koordination faktisch am Steuer sitzen – also nicht politische Parteien oder Regierungen, sondern administrative Einrichtungen mit Prozessverantwortung. Gerade auf dieser Analyseebene lässt sich dann auch prüfen, wie sozial Unterprivilegierte bzw. ‚schwache Interessen' in einem gegebenen Governance-Regime Berücksichtigung finden (können).

Untersuchungsgegenstand sind die soziale Krankenversicherung bzw. die dort federführenden administrativen Instanzen, die gesetzlichen Krankenkassen. Grundlegend ist die Einsicht, dass wir es in diesem Feld nicht mit ‚Governance' als Ersatz für ‚Government' zu tun haben, sondern mit einer Transformation lange bestehender netzwerkartiger Koordinationsprozesse, welche zunehmend von marktförmigen Steuerungsformen überlagert werden – und mit der Entstehung dessen, was hier als *disorganisierte Governance* bezeichnet werden soll. In einer solchen Konstellation gibt es weiterhin reichlich, in Teilen sogar extensivere, Kooperation, andererseits aber mehr Brüche und mehr Volatilität im Konzert der beteiligten Akteure, und dies bleibt nicht ohne Folgen für die eigentlichen Adressaten sozialstaatlicher Versorgungssysteme.

Das Argument des Beitrags wird in vier Abschnitten entfaltet. Zunächst geht es darum, die recht diffuse (internationale) Governance-Debatte vom Kopf auf die Füße zu stellen und hier durch die Unterscheidung von Koordinationslogiken (einerseits netzwerkförmige, andererseits marktliche bzw. wettbewerbliche) an konzeptioneller Schärfe zu gewinnen. Mit diesem analytischen Zugriff werden dann im zweiten Teil die Entwicklungen im System der Gesetzlichen Krankenversicherung nachgezeichnet. Zur Darstellung kommen die institutionellen Veränderungen im Organisationsfeld sowie typische Reorganisationsstrategien am Beispiel des größten Kassenverbunds in Deutschland, dem der Allgemeinen Ortskrankenkassen (AOK). Im dritten Abschnitt wird dann nach den sozial(politisch)en Effekten des neu ausgebildeten Governance-Regimes Ausschau gehalten. Das Schlusskapitel resümiert die Befunde und fragt nach der Zukunft des Gesundheitssystems unter Bedingungen disorganisierter Governance.

Netzwerk und Markt in sozialstaatlichen Versorgungssystemen

In der Literatur, die sich mit der Steuerung öffentlicher Daseinsvorsorge auseinandersetzt, ist der Netzwerkgedanke mittlerweile zu einem Leitkonzept avanciert. Nun gibt es in den Sozialwissenschaften zahlreiche Varianten des Netzwerkbegriffs; vielen ist jedoch gemeinsam, dass sie auf die Praxis von Akteuren abstellen, welche trotz gegenläufiger Interessen bei der Produktion bestimmter Güter oder Dienstleistungen loyal und in gegenseitigem Vertrauen kooperieren (Thompson 2003: 40). Einschlägig sind diesbezüglich Ansätze der auf erwerbswirtschaftliche Unternehmen bezogenen neueren Organisationstheorie (vgl. etwa Windeler/Sydow 2007). Hier gelten Netzwerke als spezifische Formen ökonomischer Koordination und als dritter Steuerungsmodus jenseits von Markt und Hierarchie, welche innovative Antworten auf typische Koordinationsprobleme eines zunehmend wissensbasierten Kapitalismus zugetraut werden. Die zu Grunde liegende empirische Beobachtung besteht in der Zunahme von Allianzen, welche auf längerfristigen Vereinbarungen miteinander (ansonsten) konkurrierender Betriebe beruhen und dabei durch offene Kommunikation sowie strategische Interdependenz gekennzeichnet sind (Wald/Jansen 2007).

In gewisser Weise hat sich dieses Verständnis von Netzwerken auf die Literatur zu sozialstaatlichen Versorgungssystemen übertragen. Ein Großteil dieser (internationalen) Literatur betont dabei das Potenzial von Netzwerken, die innerhalb dieser Systeme nicht zuletzt durch (quasi-)marktförmige Koordinationsprozesse bedingten Brüche (z.B. mangelnde Informationsflüsse zwischen Planern und Leistungserbringern) kitten zu können. Wenngleich bezüglich dieses Potenzials zuweilen vor Blauäugigkeit gewarnt wird (Goldsmith/Eggers 2004: 38-51) und sich Hinweise darauf finden, dass netzwerkförmige Koordination nicht ohne starke hierarchische Einmischung zu haben ist (Newman 2001), werden Netzwerke doch verbreitet als Steuerungsinstrument begriffen, das auch unter den Bedingungen pluraler Steuerung produktive Kooperationen zwischen denen befördert, die an sozialstaatlich moderierten Versorgungsprozessen beteiligt sind (Perri 6 et al. 2006: 133-159).

Allerdings gibt es in der Diskussion über netzwerkförmige ‚Governance' einige offene Fragen und nicht wenige Ungereimtheiten. Zunächst: Geht es um Verfahren, bei dem ein Ensemble formal autonomer ‚Stakeholder' bestimmte Aufgaben gemeinsam bearbeitet oder regelt, macht es Sinn, Netzwerksteuerung als eine *spezifische*, von Marktkoordination und Hierarchie *zu unterscheidende* Art sozialer Koordination zu begreifen – zumindest zu heuristischen Zwecken, ungeachtet der gegenseitigen Durchdringung der Koordinationsformen in realen Steuerungskontexten (Wald/Jansen 2007)? Netzwerke stehen dann für einen Steuerungsmodus *neben* hierarchischem ‚command-and-control' und wettbewerblicher Koordination.

Zweitens suggeriert die Governance-Debatte vielfach, es handele sich bei netzwerkförmiger Koordination im öffentlichen Sektor um ein neues Phänomen. Behauptet wird ein Trend von ‚Government' zu ‚Governance' oder ein wachsender Rekurs auf Governance als Lerneffekt in Gefolge eines zwischenzeitlich vorherrschenden, aber übermäßig marktorientierten Steuerungsansatzes (Jann/Wegrich 2004; Löffler 2009). International und erst recht in Deutschland kann diese „Evolutionslehre" indes kaum überzeugen: Im angelsächsischen Raum gibt es bereits seit langem verschiedene Formen eines „collaborative public management" (McGuire 2006: 342) oder „third party government" (Salamon 1995: 79) – mithin eine lange Tradition netzwerkförmiger Steuerung im öffentlichen Sektor, oft auch unter Beteiligung zivilgesellschaftlicher Akteure; und aus deutscher Perspektive ist zu verweisen auf frühe Debatten über den ‚kooperativen Staat' bzw. die regulative Rolle des klassischen Verbändekorporatismus (Heinze/Olk 1984; Thränhardt 1991; Voigt 1995).

Ein damit zusammenhängendes, drittes Manko der Governance-Literatur besteht darin, dass netzwerkbasierte Steuerung vorschnell als Ausdruck der Zurückdrängung oder zumindest Brechung der in den 1980er und 1990er Jahren eingeführten marktorientierten Koordinationsmechanismen begriffen wird. Diagnostiziert wird ein „shift from hierarchy to new governance of markets and *especially* networks" (Rhodes 2007: 1253, Hervorhebung I.B.) – also hin zu einem Steuerungsmix, bei dem netzwerkbasierte Steuerung auf Kosten anderer Steuerungsmodi an Bedeutung gewinnt (ähnlich Kooïman 2003: 113). Deutsche Beiträge zur Governance-Theorie folgen dieser Einschätzung zumindest vom Ansatz her (Jann/ Wegrich 2004; Budäus 2007).

Die Akzentuierung einer wachsenden Prominenz netzwerkförmiger Steuerungsprozesse überspielt jedoch die weiterhin sehr markante Rolle marktförmiger Koordinationsmechanismen in Systemen öffentlicher Daseinsvorsorge. Neoliberaler Marktradikalismus mag (nicht nur) in diesen Systemen zuletzt an Boden verloren haben. Doch hat insgesamt – nicht zuletzt im Sozial- und Gesundheitswesen – die Reichweite dieser Koordinationsmechanismen national und international eher noch zugenommen (Ascoli/Ranci 2002; Harrison 2004; Hensen/Hensen 2007; Newman et al. 2008). Marktorientierte Steuerung ist also institutionell weiter konsolidiert worden.

Viertens und letztens bleiben die meisten Ansätze, die sich mit zeitgenössischen Formen hybrider Koordination in sozialstaatlichen Versorgungssystemen auseinandersetzen, recht vage hinsichtlich der Frage, wie netzwerk- und marktförmige Steuerungsformen in konkreten Versorgungskontexten interagieren. Während verschiedentlich auf die Inkonsistenzen und Spannungen hingewiesen worden ist, die aus dem Nebeneinander von ‚(quasi-)market governance' und hierarchischer Kontextsteuerung (zentraler Kosten- und Qualitätskontrolle etc.) erwachsen (Newman 2001; Budd 2007), ist dem Verhältnis von Netzwerk- und Marktsteuerung sowie den darin eingelagerten „Rationalitätskonflikten" (Hessinger 2009: 51) empirisch kaum nachgegangen worden, erst recht nicht mit Blick auf die sozialen Effekte, die ihr Aufeinandertreffen generiert.

Um hier weiterzukommen, erscheint eine Forschungsstrategie sinnvoll, die einerseits *kollektive Akteure mit Prozessverantwortung* fokussiert und andererseits eine analytische Unterscheidung ins Werk setzt, die den beiden Steuerungsformen Netzwerk und Markt *spezifische Koordinationslogiken* zuordnet. Es geht hier um die idealtypische Strukturdifferenz zwischen den Steuerungsformen: Koordinationsansätze, die auf Vernetzung zielen, benötigen und pflegen längerfristige und kontinuierliche Handlungsperspektiven, die Konsenssuche und eine gegenseitige Abstimmung unter den Netzwerkpartnern bzw. Stakeholdern eines gegebenen Kooperationszusammenhangs befördern. Demgegenüber vollziehen sich *markt- bzw. wettbewerbsorientierte* Koordinationsansätze über Aktivitäten, die die Beteiligten systematisch auf Diskontinuität und Segregation hin orientieren. Koordination vollzieht sich hier über volatile Bewegungen von Zu- aus Austritt, ‚trial and error', opportunistisches Hin- und Hermanövrieren sowie über permanente Umbrüche, wie sie durch Versuche der Domänenerweiterung oder die Verdrängung von Ko-Akteuren entstehen. Diese Differenz gilt es für die Analyse eines Governance-Regimes im Auge zu behalten. Im Folgenden geht es – am Beispiel der gesetzlichen Krankenversicherung – darum, Veränderungen in diesem Regime (und ihre Folgen) unter Zuhilfenahme dieses Analyserahmens zu beleuchten und die jeweilige Rolle der mit

Netzwerk- und Marktsteuerung verknüpften Koordinationslogiken im institutionellen Setting des Krankenkassenwesens genauer zu bestimmen.

Krankenkassen in einem sich wandelnden Governance-Regime

Netzwerkbezogene Aktivitäten, welche auf Konsenserzielung und gegenseitige
Abstimmung abstellen, sind für Krankenkassen traditionell in zweierlei Weise relevant: auf der Ebene von ‚Stakeholder-Allianzen' innerhalb des Krankenkassenwesens selbst (v.a. der Arbeitgeber- und Versichertenvertreter in der Selbstverwaltung), andererseits im Zusammenhang mit dem, was in Deutschland als gemeinsame Selbstverwaltung bezeichnet wird (die Kooperation von Kostenträgern und
Leistungserbringern). In beiden Feldern stehen der netzwerkförmigen Koordination
heute vermehrt marktorientierte Steuerungsformen (in Gestalt von Vertrags- und
Versicherungswettbewerb) gegenüber, die vom Prinzip her auf Diskontinuität und
Segregation ausgerichtet sind, was nachfolgend näher ausgeführt werden soll.

Das traditionelle Governance-Regime

Krankenkassen waren in Deutschland von Anfang an als Netzwerkorganisationen
konzipiert (Tennstedt 2009). Historisch aus genossenschaftsähnlichen Mitglieder-
kollektiven hervorgegangen, sind sie auch nach ihrer partiellen ‚Verstaatlichung' im
Zuge der Bismarckschen Sozialpolitik als formal unabhängige Akteursallianzen
erhalten geblieben. Für zwei Kassenarten (AOK und BKK) sind bis heute Formen
der repräsentativen Selbstverwaltung qua Verbändedelegation grundlegend, in den
anderen werden die Verwaltungsräte durch Versichertenvertreter besetzt. Insofern
kann man Krankenkassen als durch ‚Stakeholder-Netzwerke' gesteuerte Versichertenkollektive begreifen – wenngleich die ehrenamtlichen Verwaltungsräte heute nur
Richtungsentscheidungen treffen.

Die partielle Selbstständigkeit der Krankenkassen ist ein zentraler Eckpfeiler
dessen, was in der Sozialstaats- und Verbändetheorie als korporatistisches Steuerungssystem beschrieben worden ist (für viele: Schroeder 2006). Sicherlich fixiert
die staatliche Gesundheitspolitik die Handlungsoptionen der Krankenkassen in
hohem Maße: Versichertenkreis und -konditionen, Beitragssätze (außer Zusatzprä-
mien) und das Gros der erstattungsfähigen Dienste und Produkte werden gesetzlich
festgelegt. Der Staat hat während des 20. Jahrhunderts wesentliche Rahmenbedingungen für das Kassenwesen gesetzt und dessen Entwicklung richtungweisend
beeinflusst – so etwa im Hinblick auf die Verbreiterung des Zuständigkeitsbereichs

der Kassen, aber auch bezüglich des Organisationsmodus der Krankenversicherung (s.u.).

Nichtsdestotrotz ist den deutschen Krankenkassen einiges an Gestaltungsspielraum erhalten geblieben; in Teilbereichen ist dieser sogar noch erweitert worden. So nehmen die Kassen – über die Option der Zusatzprämie – nach wie vor Einfluss auf die Modalitäten der Beitragsbemessung. Sie sind seit einiger Zeit auch befugt, mit Mitgliedern Sonderkonditionen zu vereinbaren (Bonus-Regelungen, Beitragsrückerstattungsmodelle etc.). Seit langem schon obliegt ihnen die eigenständige Durchführung von Präventionsprojekten (auch auf betrieblicher Ebene), zudem haben sie ein gesetzliches Mandat zur Bereitstellung und Aufbereitung von Informationen im allgemeinen (gesundheitspolitischen) Interesse. Ein Teil dieser Aufgaben ist auf die Verbände – und zuletzt dann auch auf den 2008 neu gegründeten Spitzenverband Bund der Gesetzlichen Krankenkassen – übergegangen; da dieser aber mit den Verbänden der einzelnen Kassenarten sowie den Großkassen kommunikativ kurz geschlossen ist, bleibt das deutsche Krankenkassenwesen stark in die Sozialpolitik involviert. Traditionell arbeiteten die Funktionäre der Verbände, wie in anderen Sozialversicherungszweigen auch, eng mit Expertenkreisen der großen Parteien zusammen (Trampusch 2006) – sie agierten stets (und agieren auch heute noch) als ‚Systemexperten' mit hohem Medieneinfluss. Unter diesen Bedingungen dominierte in der Binnenstruktur der Kassen(verbände) und in ihrem institutionellen Umfeld lange Zeit eine Koordinationslogik, die auf hochgradig formalisierten Stakeholder-Beziehungen basierte und Abstimmungsprozesse beförderte, die sich am Gebot aktiver Konsenssuche orientierten.

Zudem verhandeln die Kassen – im Schatten des Gesetzes – bis heute über kollektive Verträge mit Leistungserbringern im Bereich der gemeinsamen Selbstverwaltung. Das betrifft – in einem jeweils spezifischen Modus und unterschiedlich weitreichend – den Bereich der niedergelassenen Ärzte, den stationären Sektor sowie in Ansätzen auch weitere Teile der medizinischen Versorgungskette (Hilfs- und Heilmittel etc.). Damit existiert im deutschen Gesundheitssystem gleichsam eine zweite korporatistische Achse, wodurch sich das System deutlich von den Verhältnissen in anderen westlichen Sozialstaaten abhebt (Wendt et al. 2009). In den von Großverbänden strukturierten Verhandlungssystemen wurden jahrzehntelang gemeinsame Politikziele, Dienstleistungsstandards und Kontrollmechanismen abgestimmt, wobei die Bezugsgrundlagen (nicht unbedingt die konkreten Zielgrößen) meist überregionaler Natur waren.

Natürlich gab es dabei stets gewisse Halb- und Ungereimtheiten. Die im Governance-Regime dominante *Grundorientierung* aber war die einer netzwerkförmig arrangierten Deliberation und Konsensfindung. Ein wesentliches Rahmenziel be-

stand in der Herstellung funktional äquivalenter Versorgungsverhältnisse für die
Versichertenkollektive, wobei die dazu genutzten Steuerungsinstrumente (z.b. gemeinsame Ausschüsse) hochgradig institutionalisiert waren. Der zweigliedrige Korporatismus sowie der regulatorische Eingriff der Krankenkassen und ihrer Verbände sorgten dafür, dass sich im deutschen Gesundheitswesen ein breites Ensemble
netzwerkartiger Koordinationsformen entwickelte, eingebettet in einen staatlich
(also hierarchisch) festgelegten Normkontext sowie ergänzt mit kleinen Sprenkeln
an marktförmiger Koordination (etwa im Arzneimittelsektor). Netzwerkorientierte
Steuerung existierte im deutschen System öffentlicher Daseinsvorsorge mithin lange, bevor eine solche zur Projektionsfolie der internationalen Governance-Debatte
avancierte.

Das neue Governance-Regime

Eine einschneidende institutionelle Veränderung des Governance-Regimes brachte
die – durch den sog. Lahnsteiner Kompromiss 1993 parteiübergreifend beschlosse-
ne und dann 1996 wirksam werdende – Einführung eines offenen Mitgliederwettbewerbs in der gesetzlichen Krankenversicherung (Götze et al. 2009). Auch vor
dieser Umstellung gab es Wahlfreiheiten (für Angestellte), von denen allerdings eher
wenig Gebrauch gemacht wurde. Die Ausweitung und offene Propagierung von
Wechseloptionen sowie die Möglichkeit, neue Versichertenkollektive mit vorwie-
gend ‚guten Risiken' zu schaffen, waren dann jedoch folgenreich. Insbesondere für
jene Kassen, die überdurchschnittlich viele ‚schlechte Risiken' versicherten, wurde
die Auffrischung des Versichertenkollektivs zur Überlebensfrage – auch weil der
sog. (Beitragsmittel zwischen den Kassen umverteilende) Risikostrukturausgleich,
der gerade ihnen Erleichterung bringen sollte, nur einen Teil ihrer Sonderlasten
kompensierte. Die Kassen versuchten sich dementsprechend in diversen Markt-
distinktionsstrategien, u.a. durch die (symbolische) Bewerbung exklusiver Dienstleistungen. Eine weitere Stufe bei der Vermarktlichung des Steuerungssystems wurde im Jahre 2007 erklommen, als die Kassen (in Kooperation mit der Privatassekur-
ranz) zum Vertrieb von Krankenzusatzversicherungen sowie zur Einführung von
Discount- und Bonussystemen bei der Beitragsbemessung ermächtigt wurden.
    Sicherlich bleibt das Versicherungssystem auch nach diesen institutionellen
Umstellungen stark sozialstaatlich (also hierarchisch) koordiniert. Der Kontrahie-
rungszwang, die Vereinheitlichung des lohnbezogenen Beitragssatzes (nach der
Einführung des Gesundheitsfonds im Januar 2009) sowie das allgemeine Anrecht
auf bedarfsorientierte Krankenbehandlung gewährleisten nach wie vor ein hochgradig vereinheitlichtes Versorgungsgeschehen. Die Verfeinerung des Risikostruktur-

ausgleichs durch einen an der Prävalenz von (80) Krankheitsbildern orientierten ‚Belastungstest' der Kassen (Morbi-RSA) sowie die finanzielle Förderung von strukturierten Behandlungsprogrammen (Disease Management Programs, DMP) haben bei den sog. Versorgerkassen (die überdurchschnittlich viele ‚schlechte Risiken' versichern) für Entlastung gesorgt. Dennoch gibt es weiterhin Optionen auf die Segmentierung von Versicherungskonditionen, und bezüglich der Beitragstarife könnte es bald zu neuen Differenzierungen in Form pauschaler Zusatzbeiträge kommen. Damit aber gibt es (erneut) *mehr Marktorientierung* im Versicherungssystem – und (neue) Impulse in Richtung diskontinuierlicher Mitgliedschaften und sozial segregierter Versichertenkollektive.

Auf der Angebotsseite kam es in den 1990er Jahren zu ebenso pfadbrechenden Neuerungen. Grundlegend dafür war – wie in anderen westlichen Gesundheitssystemen auch – die Verbreitung des ‚Managed Care'-Ansatzes (SVR 2009: 658-690). Dies vollzog sich weitgehend innerhalb einer weiterhin durch Kollektivverträge geprägten Rahmenordnung, führte aber zu einer Erweiterung der Koordinationsmechanismen in Richtung marktförmige Steuerung. Verschiedene Gesundheitsreformen ermächtigten die gesetzlichen Krankenkassen zum Abschluss von Einzelverträgen mit Leistungsanbietern; in diesen Verträgen werden Sonderregelungen zu den Versorgungsstandards, Überweisungspraktiken oder Vergütungsformen festgelegt. Das betraf zunächst den Bereich der sog. Integrierten Versorgung, in dem – nach den Bestimmungen des Gesundheitsreformgesetzes 2000 und v.a. in Folge des Gesundheitsmodernisierungsgesetzes von 2004 – Leistungserbringer aus verschiedenen Versorgungsstufen Behandlungsnetzwerke einrichten und mit diesen von den Kassen selektiv unter Vertrag genommen werden konnten (Götze et al. 2009; Hessinger 2009). Ende 2008 gab es in Deutschland immerhin ca. 6200 solcher Verträge.

In gewisser Hinsicht funktionieren auch die o.g. DMP-Programme nach diesem Muster: Für diese (vor-)standardisierten Behandlungsprogramme, die überwiegend im Rahmen der regionalen gemeinsamen Selbstverwaltung durchgeführt werden, können auch praxisindividuelle Vereinbarungen getroffen werden, bei denen spezifische Bestimmungen greifen (so geschehen in Rheinland-Pfalz). In Folge der jüngsten Umstellungen im Finanzierungssystem steht zu erwarten, dass es zukünftig mehr Individualverträge auch im Bereich der DMP geben könnte (Jaeckel 2009). Schließlich entsprachen (zumindest bis vor kurzem) auch die Hausarztverträge dem Modell einzelvertraglicher Steuerung: Sie soll(t)en Kassenmitglieder ermuntern, sich an einen bestimmten Hausarzt als Erstanlaufstelle zu binden, wobei dieser ‚Gatekeeper' bestimmte, mit der jeweiligen Kasse vereinbarte Richtlinien zu berücksichtigen hat(te) (Wasem et al. 2003). Die ab Mitte 2009 obligatorische flächendeckende Einrichtung dieser Modelle brachte hier eine Rückkehr zu eher kollektivvertraglichen Regulierungsformen; allerdings hat sich in diesem Feld eine neue Variante der Vertragskonkurrenz zwischen Hausärzteverbänden und ärztlichen Pflichtkörperschaften (Kassenärztlichen Vereinigungen) herauskristallisiert (Bandelow/ Schade 2009).

Weitere Formen marktförmiger Angebotssteuerung gibt es im Bereich der Arzneimittelversorgung, und zwar in Gestalt der sog. Rabattverträge. Große Versorgerkassen verhandeln mit einzelnen Pharmafirmen die Bereitstellung von für ihre Mitglieder vorgesehenen Arzneimittelkontingenten (v.a. Generika) zu vergünstigten Preisen – wobei die eingekauften Kontingente im Hinblick auf Wirkstoffe, nicht aber bezüglich der Darreichungsformen, mit anderen am Markt erhältlichen Präparaten vergleichbar sein sollen. Dezentrale Einkaufsstrategien finden sich überdies im Bereich der Hilfsmittelversorgung sowie – in Verbindung mit integrierten Versorgungsmodellen – bei stationären Behandlungen mit Nachversorgungsgarantie (z.b. Endoprothetik). Insgesamt zeichnet sich mithin (von niedrigem Niveau aus) die Tendenz zu einer stärker einzelvertraglichen – und damit marktförmigeren – Gestaltung des Versorgungsangebots ab, die – interpretiert man sie mit Blick auf die maßgeblichen Koordinationslogiken – diskontinuierlichen Interorganisationsbeziehungen sowie einer Segregation der Versorgungslandschaft Vorschub leistet.

Organisationspolitiken unter dem neuen Governance-Regime

Wie wird das neue Nebeneinander von Markt- und Netzwerksteuerung konkret arrangiert und austariert? Die folgende Skizze wesentlicher Organisationspolitiken der AOK ist diesbezüglich aufschlussreich. Sie entstammt einer eigenen Fallstudie (Bode 2004), einer (fragebogengestützten) lokalen Repräsentativerhebung (Bode/Bühren 2004) sowie einer Dokumenten- und Medienrecherche aktuelleren Datums (zsf. Bode 2009). Der Untersuchungsfokus lag auf der Art und Weise, wie das AOK-System den institutionellen Wandel im Krankenkassenwesen konkret verarbeitet und aktiv zu gestalten versucht.

Die AOK traf die Reform des Steuerungssystems in den 1990er Jahren besonders stark. Bis dato wurden ihr Versicherte mit Arbeiterstatus fest zugewiesen, nun bekam sie es mit einer heftigen Konkurrenz vor allem von Seiten geöffneter Betriebskrankenkassen zu tun, die erheblich niedrigere Beitragssätze anbieten und so vor allem ‚gute Risiken' anziehen konnten. Die einsetzenden Mitgliederwanderungen bzw. das geänderte Beitrittsverhalten der Kassenklientel führten bei der AOK zu einem markanten Rückgang der Versichertenzahl (von 22,5 Millionen Mitte der 1990er Jahre auf knapp 17,5 Millionen im Jahre 2008); der Anteil morbider, älterer Patienten (die sich als deutlich weniger wanderungswillig erwiesen) stieg unentwegt an. Der o.g. Risikostrukturausgleich wirkte zwar entlastend, kostendeckende Einnahmen blieben im AOK-System aber die Ausnahme.

In diesem Kontext kam es zu weit reichenden internen Veränderungen. Allgemein sind – auch im Zuge verschiedener gesetzlicher Neuregelungen – die Befugnisse der Kassenselbstverwaltung zu Lasten der hauptamtlichen Manager zurückgedrängt worden. Die Verwaltungsräte behielten im Hinblick auf Richtungs- und Investitionsentscheidungen zwar weiterhin ‚das letzte Wort'; sie nahmen aber fortan (noch) wenig(er) Einfluss auf die operativen Prozesse und orientierten sich stark an den Informationen und Konzepten der hauptamtlichen Führung. Die Wahrnehmung sozial- und gesundheitspolischer Funktionen wurde damit nicht obsolet, aber verstärkt an die bundesverbandliche Ebene delegiert.

Angesichts des oben umrissenen Wettbewerbsdrucks orientierte sich die AOK zunehmend an einer privatwirtschaftlichen Vorbildern entlehnten Managementphilosophie, die u.a. Zielvereinbarungen und leistungsabhängige Vergütungen bei Führungskräften und im Vertrieb umfasste. ‚Case management'-Programme z.B. bei der Abwicklung und Kontrolle von Krankengeldzahlungen oder Hilfsmittelbewilligungen dienten dem (latent gehaltenen) Ziel einer sparsameren Leistungsgewährung. Ferner gab es mehrere Fusionen im AOK-System, in Verbindung mit durchaus weitreichendem Personalabbau.

Das neue Geschäftsmodell beinhaltet umfassende Marketingaktivitäten ebenso wie diverse Politiken zur Diversifizierung der Versicherungsverhältnisse: Alle AOK-Kassen bieten mittlerweile Zusatzversicherungen sowie Optionen auf Beitragsrückerstattung (bis zu einer Höhe von 300 Euro jährlich) an. Gegenüber den Unternehmen bewerben sie verschiedene (administrative) Service-Leistungen sowie betriebliche Gesundheitsförderungsprogramme (für 300.000 AOK-Versicherte im Jahr 2007). Man spricht nun allgemein von ‚Kunden' und ‚Geschäftspartnern' und wähnt sich auf dem Weg vom ‚payer' zum ‚player', letzteres in Gestalt zahlreicher Initiativen im Bereich des selektiven Kontrahierens: durch Spezialverträge mit Krankenhäusern (von denen besondere Leistungspakete eingekauft werden), bei den Rabattverträgen für Generika und zuletzt auch in Vereinbarungen zur an der Kassenärztlichen Vereinigung vorbei organisierten hausärztlichen Versorgung (so in Baden-Württemberg). Mit Blick auf Synergieeffekte hat die AOK überdies massiv in strukturierte und integrierte Behandlungsprogramme sowie entsprechende Partnerschaften mit Leistungserbringern investiert. *Diesbezüglich* gibt es also neuen Bedarf an gegenseitiger Abstimmung, allerdings im Rahmen temporärer und selektiver Allianzen.

Gleichzeitig müssen – und sollen aus der Sicht wesentlicher Stakeholder – die Basisfunktionen der gesetzlichen Krankenversicherung weiter mitbedient werden.

Es wird also versucht, beim ‚change management' verschiedene Ziele parallel zu
führen. Aus dem Ensemble der Organisationspolitiken lässt sich dementsprechend
ein Strategiemix mit drei Schwerpunkten ableiten:

- Im Alltagsgeschäft der Kassen greift erstens eine mitgliederbezogene Doppel-
  strategie, die die *Gewinnung ‚billiger' Neuzugänge und einen direktiveren Umgang mit
  teuren Fällen* vorsieht. Ersteres wird angestrebt durch auf ‚gute Risiken' zuge-
  schnittene Marketingaktionen und diverse Sonderangebote (im Rahmen des
  Möglichen), letzteres durch strenge Maßstäbe bei der Gewährung von Leistungen (so weit entsprechende Optionen vorliegen) sowie durch die Förderung
  von breit angelegten und Effizienz- bzw. Effektivitätsgewinne versprechenden
  strukturierten Behandlungsprogrammen (DMP etc.).

- Zweitens geht es in den Beziehungen zu den Leistungserbringern um die
  *Durchsetzung von Preisdumping in Kombination mit starker formalisierter Leistungskon-
  trolle.* Ziel ist die Ausbeutung sämtlicher einzelvertragspolitischer Spielräume
  im Rahmen der Integrierten Versorgung und anderswo. Etwaigen Leistungsde-
  fiziten in Folge eines gesteigerten wirtschaftlichen Drucks auf die Anbieter soll
  durch flexible Vertragskündigungsrechte einerseits, standardisierte Qualitäts-
  evaluation andererseits vorgebeugt werden.

- Drittens verfolgt die AOK bezüglich ihrer gesundheitspolitischen Funktionen
  einen Lobbyansatz, der auf die *Absicherung von Marktmacht unter gleichzeitiger
  Wahrung des Solidarprinzips* abstellt. Als ‚Marktführer' (bezogen auf das Mitglie-
  dervolumen) arbeitet man mit Hochdruck an Konzepten zum Ausbau der
  Einkaufsoptionen: Diese werden in Modellprojekten geprobt und durch umfassende Public Relations öffentlich beworben. Unter dem Einfluss der ge-
  werkschaftlichen Bank im Verwaltungsrat wird diese Lobby-Orientierung ergänzt durch hartnäckige Forderungen nach einer Perfektionierung des Risiko-
  strukturausgleichs zur Vermeidung von ‚Rosinenpickerei' auf dem Ver-
  sicherungsmarkt und zur Wahrung des Solidarprinzips. Der Gesundheitsfonds
  (mit einheitlichem Beitragssatz), die flächendeckende Finanzierung der DMP
  sowie der erweiterte Lastenausgleich (in Gestalt des Morbi-RSA) sind wohl
  nicht zuletzt auf entsprechende Lobby-Aktivitäten zurückzuführen.

- In diesem Strategiemix manifestiert sich plastisch, wie sich das neue Governance-Regime von den früheren Verhältnissen abhebt. Es zeigen sich zudem
  Implikationen im Hinblick auf die Koordinationslogiken in den von den Kassen moderierten Steuerungsprozessen. Obwohl nicht sämtliche Bestandteile
  des traditionellen, auf Konsensorientierung und gegenseitige Abstimmung beruhenden Governance-Regimes aufgegeben wurden, bewirkt die dargestellte
  Differenzierung der Organisationspolitiken die Ausbildung von *mehr Diskonti-*

nuität und Segregation innerhalb des Versorgungssystems: zum einen hinsichtlich des Versichertenkollektivs (i.e. dessen Kohäsion als selbstverwaltete Interessengemeinschaft), zum anderen bezüglich der Anbieterseite. Hier haben sich zwar insgesamt extensivere Kooperationsprozesse ergeben, doch sind diese prinzipiell befristet angelegt und auf ausgewählte Partner beschränkt. Das politische Lobbying unterstützt diese Entwicklungen und damit die Transformation der im deutschen Gesundheitssystem ausgebildeten Formen hybrider Koordination

Folgen für schwache Interessen

Die Frage nach den Folgen des sich in der Organisationspolitik der Krankenkassen manifestierenden neuen Governance-Regimes ist nicht einfach zu beantworten, und dies aus zwei Gründen: Einerseits gibt es keine systematischen Datenerhebungen zu diesen Folgen, andererseits erzeugen Mischkonstrukte wie der ‚solidarische Wettbewerb' oder das selektive Kontrahieren am Rande von Kollektivverträgen gleichsam von Natur aus uneinheitliche Effekte. In diesem Abschnitt soll dennoch – im Rekurs auf einige empirische Befunde sowie eine Reihe von Plausibilitätsannahmen – über die Konsequenzen des Governance-Regimes für jene Klientele spekuliert werden, die mit dem Begriff der ‚schwachen Interessen' assoziiert werden.

Schwache Interessen sind gekennzeichnet durch geringe (direkte) Organisierbarkeit einerseits, eine niedrige Positionierung in der sozialen und kulturellen Hierarchie moderner Gesellschaften andererseits (für viele: Winter 1997). Mit Bezug auf das Gesundheitswesen wird hier davon ausgegangen, dass chronisch Kranke – wenngleich Selbsthilfeinitiativen und Patientenverbände allgemein einflussreicher geworden sind und mehr Mitspracherechte z.B. im Rahmen der gemeinsamen Selbstverwaltung genießen – sowie sozial schwache Personenkreise mit dauerhaft erhöhten Gesundheitsrisiken dieser Kategorie zugerechnet werden können. Interessant sind hier nun einerseits die sozialen Effekte des neuen Governance-Regimes für diese Bezugsgruppe. Andererseits ist zu fragen, wie sich dieses Regime (potenziell) auf die politische Durchsetzungskraft schwacher Interessen auswirkt.

Hinsichtlich der sozialen Folgeeffekte ist erneut zwischen der Angebots- und der Nachfrageseite zu unterscheiden. Auf der Nachfrageseite hat die Einführung des Mitgliederwettbewerbs relativ eindeutige Konsequenzen. Folgt man den vorliegenden Studien zur Praxis des Kassenwechsels (Braun et al. 2008), so neigen chronisch Kranke sowie Personen mit geringem Bildungs- und Sozialstatus zum längeren Verbleib in der einmal gewählten Krankenkasse – in der Vergangenheit häufig die ‚teure' AOK, deren relativ höhere Beiträge (bis zur Einführung des Gesundheitsfonds) und geringere Generosität für sie durchaus nachteilig waren. Auch ist das Interesse an (v.a. für ‚gute Risiken' attraktiven) Sondertarifen stark durch den sozio-ökonomischen Status der Versicherten geprägt, während das Angebot besonderer Versorgungsprogramme – welches sozial Unterprivilegierten vergleichsweise stärker zu Gute kommt (s.u.) – insgesamt kaum zum Wechsel in eine andere Kasse motiviert; auch hat das Bildungsniveau einen hohen Einfluss auf das Wissen um Möglichkeiten und Modalitäten des Kassenwechsels (ebd.: 73-84). Der Wettbewerb und seine faktischen Allokationseffekte nutzen also eher den starken als den schwachen Interessen.

Bezüglich der Angebotsseite legen wirtschaftssoziologische Befunde sowie Grunderkenntnisse aus der Soziologie sozialer Ungleichheit nahe, dass ein Zuwachs an Wahloptionen beim Konsum von Gesundheitsdienstleistungen schwache Interessen ebenfalls nicht begünstigt, weil die Betroffenen über weniger Konsumentensouveränität verfügen und die aktive Mitgestaltung von Dienstleistungsinteraktionen sozial wie kulturell voraussetzungsvoll ist (allgemein dazu: Jakobsen/Voswinkel 2005; ferner Stollberg 2008). Ein vermarktlichtes Steuerungssystem, in dem sich ein qua Einzelverträge organisiertes diversifiziertes Versorgungssegment auf der Basis von Qualitäts- und Kassenwettbewerb herausbildet, verlangt von Patienten (noch) mehr Sondierungsinitiative. Wenn also der Zugang zu passgenauen Behandlungsleistungen vermehrt von individuellen Anbieterwahlentscheidungen abhängig ist, werden sozial Unterprivilegierte tendenziell benachteiligt, weil ihre Kompetenzausstattung und ihr positionaler Status spielraumverengend wirken. Besser gestellte chronisch Kranke hingegen erhalten durch einen solchen Qualitätswettbewerb zumindest symbolisch größere Sanktionsmöglichkeiten gegenüber Leistungsanbietern – wobei dies angesichts der Vertrauensabhängigkeit sowie der grundsätzlich unüberwindbaren Informationsasymmetrie des Arzt-Patient-Verhältnisses nicht durchweg vorteilhaft ist.

Die Dinge liegen etwas anders, wenn man die Versorgungseffekte betrachtet. Zwar ergeben sich aus den in der Rationalisierungspolitik von Krankenkassen angelegten (versteckten) Leistungsverweigerungen vor allem Probleme für weniger widerstandsfähige Patientengruppen. Da aber – Erkenntnissen der Medizinsoziologie (zsf. Jungbauer-Gans 2006) zu Folge – Personenkreise mit niedriger Bildung und geringerem Einkommen überdurchschnittlich häufig von chronischen Erkrankungen betroffen sind, dürfte ein Governance-Regime, welches die Behandlung solcher Erkrankungen optimiert, schwachen Interessen entgegenkommen. Die im Zuge der Umstellung des Steuerungssystems vollzogene Ausweitung strukturierter Behandlungsprogramme sowie möglicherweise auch die bessere Verknüpfung von Behandlungen für chronisch Kranke innerhalb von Projekten zur Integrierten Versorgung können – obwohl ihr Nutzen im Einzelnen umstritten ist (Fischer et al. 2005; SVR 2009: 666) – die Position der Nutznießer durchaus verbessern.

Dabei ist zu bedenken, dass eine Zerfaserung der vertraglichen Regulierung von Leistungsangeboten in der räumlichen und zeitlichen Dimension *allgemein* für mehr Heterogenität im Versorgungssystem sorgt. Ein und dieselbe Patientengruppe kann zu einem gegebenen Zeitpunkt oder an einem bestimmten Ort ‚Glück haben' und von einem für sie günstigen ‚Einzelvertragsangebot' profitieren, während dies einer anderen vorenthalten bleibt. Vertragswettbewerb schafft Gewinner und Verlierer, insofern sind im neuen Governance-Regime auch neue horizontale Ungleichheiten hochwahrscheinlich (vgl. Bode 2005, mit Bezug auf die Seniorenversorgung). Starke und schwache Interessen sind in dieser Hinsicht also ähnlich diskriminierungsanfällig.

Im Hinblick auf Prozesse *politischer Interessenvermittlung* stellt sich das Bild nicht minder komplex dar. Zunächst gibt es eine Koinzidenz zwischen der Vermarktlichung des Steuerungssystems und der u.a. durch die o.g. Lahnsteiner Reform auf den Weg gebrachten Einschränkung der Kompetenzen der Selbstverwaltung (gegenüber dem hauptamtlichen Management). Das Selbstverwaltungssystem galt unter Experten schon lange als in seinem Demokratiegehalt defizitär, hat aber seit der Entwicklung der Kassen hin zu wettbewerbsorientierten Unternehmen weiter an Schlagkraft verloren (vgl. Klenk 2008: 146-160). Werden vertragspolitische Zuständigkeiten dezentralisiert bzw. einem angebotsdifferenzierend wirkenden Vertragswettbewerb ausgesetzt, schwindet im Übrigen auch der Zugriff von Patientenverbänden auf die Ausgestaltung des Versorgungssystems – ungeachtet der Tatsache, dass er auf zentraler Ebene gestärkt worden ist. Selbsthilfegruppen und Patientenverbände dürften zwar insgesamt eher weniger Mitglieder aus sozial unterprivilegierten Bevölkerungsschichten organisieren, sprechen aber inklusiv für ein spezifisches Betroffenenkollektiv.

Im Stakeholder-Netzwerk der Krankenkassen gibt es ebenfalls mehrschichtige Effekte. Die o.g. Entwicklungen im Governance-Regime sind von AOK-Verwaltungsräten unterstützt bzw. toleriert worden – mithin also auch die daraus resultierenden Nachteile für sozial Unterprivilegierte. Allerdings: Sowohl das Beharren des AOK-Systems auf einem umfassende(re)n Risikostrukturausgleich als auch die breiten Initiativen im Bereich der Chronikerprogramme stehen für eine vor allem von den Gewerkschaften gestützte advokatorische Vertretung auch von schwachen Interessen – zumal offenkundig ist, dass die Beibehaltung des Solidarprinzips sowie die finanzielle Förderung von die Handlungsfreiheit der niedergelassenen Ärzte einschränkenden ambulanten Versorgungsansätzen gesundheitspolitisch immer wieder hoch umstritten ist (zur Bedeutung der Advokatenfunktion gut organisierter Interessengemeinschaften siehe Bode 2000). So gesehen gibt es auch im neuen Governance-Regime durchaus Chancen auf die Berücksichtigung schwacher Interessen.

Disorganisierte Governance im Krankenkassensektor – Ende offen

Aus den neuen Formen hybrider Steuerung im System der öffentlichen Daseinsvorsorge, wie sie in diesem Beitrag am Beispiel der gesetzlichen Krankenkassen umrissen worden sind, ergibt sich ein Zustand *disorganisierter Governance*: Das Aufeinandertreffen markt- und netzwerkförmiger Steuerungsformen in ein und demselben Versorgungskontext führt in die permanente Um- und Reorganisation von Versicherungsverhältnissen und Angebotsarrangements, welche mit der Intensivierung von Mitglieder- und Vertragswettbewerb einhergeht. Damit soll nicht behauptet werden, dass hier nun das Chaos regiert. Auch steht der Verweis auf disorganisierte Governance nicht für die These durchgängiger Deregulierung. Vielmehr gibt es in vielerlei Hinsicht mehr Vernetzung und mehr Marktsteuerung gleichermaßen, wobei allerdings erstere durch letztere kontinuierlich strapaziert wird. Stakeholder-Allianzen sowie interorganisationale Kooperation bleiben grundlegend, letztere gewinnt sogar an Reichweite – doch gibt es insgesamt mehr Volatilität im Konzert der Netzwerkakteure. Betrachtet man den Radius der für die Krankenkassen relevanten Koordinationslogiken, so haben Konsenssuche und gegenseitige Abstimmung insgesamt an Bedeutung verloren gegenüber der für Marktbeziehungen typischen Koordinationslogik, welche auf Diskontinuität und Segregation ausgerichtet ist.

Bilanziert man die sozialen Folgen disorganisierter Governance, so scheinen sie widersprüchlich, im Hinblick auf die Solidaritätsdimension aber in einen ‚status quo minus' zu münden. Insgesamt werden schwache Interessen vom neuen Governance-Regime unzuverlässiger bedient; durch die sich (mit Ausnahmen) vollziehende Umstellung staatlicher Steuerung auf Kontextregulierung wird der Zugang auf passende Versorgungsleistungen dezentralen Verhandlungsprozessen und damit stärker dem Zufall überlassen. Dabei gibt es mehr Desorientierung und weniger Berechenbarkeit, was sozial Unterprivilegierte selbst bei Fortbestehen universeller Versorgungsansprüche insgesamt schlechter stellen dürfte.

Es liegt in der Natur dieser Governance-Konstellation, dass im Hinblick auf ihre Wirkungen, aber auch bezüglich ihrer weiteren Entwicklung vieles offen und möglich bleibt. Die Verhältnisse sind jederzeit dynamisch und reversibel, Kontextregulierungen können in die eine oder andere Richtung verschoben werden. Wie viele jüngere Studien zur Entwicklung der Gesundheitsversorgung in (kontinental)europäischen Gesellschaften zu Recht konstatieren, gibt es zahlreiche Inkonsistenzen bei der gegenwärtigen Systemtransformation (Hassenteufel/Palier 2007; Wendt et al. 2009). Selektive dirigistische Staatseingriffe, neue Vernetzungsformen und verschiedene Privatisierungsprozesse greifen parallel, mit je unterschiedlichen Konsequenzen auch für sozial Unterprivilegierte bzw. schwache Interessen. Mit diesem Beitrag sollte gezeigt werden, dass eine an Koordinationslogiken und Organisationspolitiken ansetzende analytische Perspektive auf eine unter diesen Bedingungen plural arrangierte Produktion öffentlicher Dienstleistungen ein geeignetes Instrument sein kann, den komplexen Charakter des Wandels und auch dessen soziale Bilanz realitätsnah zu erfassen – wobei es diesbezüglich noch Einiges an empirischem Aufklärungsbedarf gibt.

Literatur

Ascoli, Ugo/Ranci, Constanzo (Hrsg.) (2002): Dilemmas of the Welfare Mix. The new structure of welfare in an era of privatization. New York: Kluwer Academic/Plenum Publishers

Bandelow, Nils C./Schade, Martin (2009): Wettbewerbliche Transformation im ambulanten Sektor: Governanceformen und gesundheitspolitische Zielpräferenzen. In: R. Böckmann (Hrsg.): Gesundheitsversorgung zwischen Solidarität und Wettbewerb. Wiesbaden: VS Verlag für Sozialwissenschaften, 91-116

Bode, Ingo (2000): Die Starken und die Schwachen – ein kompliziertes Verhältnis. Erfahrungen aus Interessenvermittlungsprozessen in Frankreich. In: U. Willems, T. von Winter (Hrsg.) (2000): Politische Repräsentation schwacher Interessen. Opladen: Leske & Budrich, 285-313

ders., (2004): Disorganisierter Wohlfahrtskapitalismus. Die Reorganisation des Sozialsektors in Deutschland, Frankreich und Großbritannien. Wiesbaden: VS Verlag für Sozialwissenschaften

ders., (2005): Alter(n) auf dem Markt der Möglichkeiten. Die Disorganisierung der Seniorenversorgung und ihre Folgen für die Strukturen sozialer Ungleichheit. Discussion paper des DZA. Berlin: Deutsches Zentrum für Altersfragen

ders., (2009): Multiple Vernetzung und disorganisierte Governance. In: V.E. Amelung et. al. (Hrsg.): Vernetzung im Gesundheitswesen – Wettbewerb und Kooperation. Stuttgart: Kohlhammer, 311-324

Bode, Ingo/Bühren, Patrick (2004): Mehr als Markt und Bürokratie. Krankenkassen im Bild von Versicherten und Mitarbeitern. In: Gesundheits- und Sozialpolitik H. 2, 48-57

Braun, Bernard/Greß, Stefan/Rothgang, Heinz/Wasem, Jürgen (2008): Einfluss nehmen oder aussteigen? Theorie und Praxis von Kassenwechsel und Selbstverwaltung in der Gesetzlichen Krankenversicherung. Berlin: Sigma

Budäus, Dieter (2007): Vom New Public Management zur Governance. In: D. Wagner et al. (Hrsg.): Governance-Theorien oder Governance als Theorie? Berlin: Wissenschaftlicher Verlag, 15-28

Budd, Leslie (2007): Post-bureaucracy and Reanimating Public Governance. A discourse and practice of continuity? In: International Journal of Public Sector Management No. 20., 531-547

Fischer, Thomas/Lichte, Thomas/Popert, Uwe (2005): Disease-Management-Programme. Halten sie, was sie versprechen? In: Jahrbuch für kritische Medizin, H. 41, 8-17

Goldsmith, Steven/Eggers, William D. (2004): Governing by Network: The new shape of the public sector. Washington DC: Brookings Institution Press

Götze, Ralf/Cacace, Mirella/Rothgang, Heinz (2009): Von der Risiko- zur Anbieterselektion. Eigendynamiken wettbewerblicher Reformen in Gesundheitssystemen des Sozialversicherungstyps. In: Zeitschrift für Sozialreform, H. 55, 149-175

Harrison, Michael D. (2004): Implementing Change in Health Systems: Market reforms in health systems in the United Kingdom, Sweden and The Netherlands. London: Sage

Hassenteufel, Patrick/Palier, Bruno (2007): Towards Neo-Bismarckian Health Care States. Comparing health insurance reforms in Bismarckian welfare states. Social Policy & Administration, No. 41., 574-596

Heinze, Rolf G./Olk, Thomas (1984): Sozialpolitische Steuerung. Von der Subsidiarität zum Korporatismus. In: M. Glagow (Hrsg.): Gesellschaftssteuerung zwischen Korporatismus und Subsidiarität. Bielefeld: AJZ, 162-194

Hensen, Gregor/Hensen, Peter (2007): Das Gesundheitswesen im Wandel sozialstaatlicher Wirklichkeiten. In: dies. (Hrsg.): Gesundheitswesen und Sozialstaat. Wiesbaden: VS Verlag für Sozialwissenschaften, 13-38

Hessinger, Philipp (2009): Soziale Konstruktion von Märkten und integrierte Versorgung – Rationalitätskonflikte in der aktuellen Reorganisation des Gesundheitswesens. In: V.E. Amelung et. al. (Hrsg.): Vernetzung im Gesundheitswesen – Wettbewerb und Kooperation. Stuttgart: Kohlhammer, 51-74

Jaeckel, Roger (2009): Der Morbi-RSA als Katalysator für mehr Vertragswettbewerb im Gesundheitswesen? In: Gesellschaftspolitische Kommentare, H. 9, 9-12

Jakobsen, Heike/Voswinkel, Stephan (Hrsg.) (2005): Der Kunde in der Dienstleistungsbeziehung. Wiesbaden: VS Verlag für Sozialwissenschaften

Jann, Werner/Wegrich, Kai (2004): Governance und Verwaltungspolitik. In: A. Benz (Hrsg.): Governance – Regieren in komplexen Regelsystemen. Wiesbaden: VS Verlag für Sozialwissenschaften, 193-214

Jungbauer-Gans, Monika (2006): Soziale und kulturelle Einflüsse auf Krankheit und Gesundheit. Theoretische Überlegungen. In: C. Wendt, C. Wolf (Hrsg.): Soziologie der Gesundheit. Sonderheft der Kölner Zeitschrift für Soziologie und Sozialpsychologie, VS Verlag für Sozialwissenschaften, 86-108

Klenk, Tanja (2008): Modernisierung der funktionalen Selbstverwaltung. Universitäten, Krankenkassen und andere öffentliche Körperschaften. Frankfurt/New York: Campus

Kooiman, Jan (2003): Governing as Governance. London: Sage

Kussau, Jürgen/Brüsemeister, Thomas (2007): Governance, Schule und Politik. Zwischen Antagonismus und Kooperation. Wiesbaden: VS Verlag für Sozialwissenschaften

Löffler, Elke (2009): Governance in a Network Society. In: T. Bovaird, E. Löffler (Hrsg.): Public Management and Governance. London: Taylor & Francis, 215-232

McGuire, Michael (2006): Collaborative Public Management: Assessing what we know and how we know it. In: Public Administration Review, No. 66, 33-43

Newman, Janet (2001): Modernising Governance. New Labour, policy and society. London: Sage

Newman, Janet/Glendinning, Caroline/Hughes, Michael (2008): Beyond Modernisation? Social care and the transformation of welfare governance. In: Journal of Social Policy, No. 37., 531-557

Perri 6/Goodwin, Nick/Peck, Edward/Freeman, Tim (2006): Managing Networks of Twenty-First Century Organisations. Basingstoke: Palgrave Macmillan

Pollitt, Christopher/van Thiel, Sandra/Homburg, Vincent (Hrsg.) (2007): New Public Management in Europe. Adaptation and alternatives. Basingstoke: Palgrave Macmillan

Rhodes, Rod A. W. (2007): Understanding Governance: Ten years on. In: Organization Studies, No. 28, 1243-1264

Salamon, Lester (1996): Third Party Government. Ein Beitrag zu einer Theorie der Beziehungen zwischen Staat und Nonprofit Sektor im modernen Wohlfahrtstaat. In: A. Evers, T. Olk (Hrsg): Wohlfahrtspluralismus. Opladen: Westdeutscher Verlag, 79-102

Schroeder, Wolfgang (2006): Selbstverwaltungskorporatismus und neuer Sozialstaat. In: Zeitschrift für Sozialreform, H. 52, 253-271

Schuppert, Georg F. (2001): Der moderne Staat als Gewährleistungsstaat. In: E. Schröter (Hrsg.): Empirische Policy- und Verwaltungsforschung. Opladen: Leske & Budrich, 399-414

Stollberg, Gunnar (2008): Kunden der Medizin? Der Mythos vom mündigen Patienten. In: I. Saake, W. Vogd (Hrsg.): Moderne Mythen der Medizin. Wiesbaden: Verlag für Sozialwissenschaften, 345-362

SVR (2009) Sachverständigenrat für die Konzertierte Aktion im Gesundheitswesen. Koordination und Integration – Gesundheitsversorgung in einer Gesellschaft des längeren Lebens. Berlin

Tennstedt, Florian (2009): Risikoabsicherung und Solidarität: Bismarck, Lohmann und die Konflikte um die gesetzliche Krankenversicherung in ihrer Entstehungsphase. In: H. Obinger, E. Rieger (Hrsg.): Wohlfahrtsstaatlichkeit in entwickelten Demokratien. Frankfurt/New York: Campus, 65-94

Thompson, Grahame F. (2003): Between Hierarchies and Markets: The Logic and Limits of Network Forms of Organization. Oxford: Oxford University Press

Thränhardt, Dieter (1981): Kommunaler Korporatismus. Deutsche Traditionen und moderne Tendenzen. In: D. Thränhardt, H. Uppendahl (Hrsg.): Alternativen lokaler Demokratie. Königstein/Taunus: Hain, 5-34

Trampusch, Christine (2006): Status quo vadis? Die Pluralisierung und Liberalisierung der „Social-Politik" als Herausforderung für die politikwissenschaftliche und soziologische Sozialpolitikforschung. In: Zeitschrift für Sozialreform, H. 52., 299-323

Voigt, Rüdiger (1995a): Der kooperative Staat: Auf der Suche nach einem neuen Steuerungsmodus. In: ders. (Hrsg.): Der kooperative Staat. Baden-Baden: Nomos, 33-92

Wald, Andreas/Jansen, Dorothea (2007): Netzwerke. In: A. Benz et al. (Hrsg.): Handbuch Governance. Wiesbaden: VS Verlag für Sozialwissenschaften, 93-105

Wasem, Jürgen/Gress, Stefan/Hessel, Franz (2003): Hausarztmodelle in der GKV – Effekte und Perspektiven vor dem Hintergrund nationaler und internationaler Erfahrungen. Diskussionsbeiträge des Fachbereichs Wirtschaftswissenschaften der Universität Duisburg-Essen

Weiß, Karin (2002): Das Neue Steuerungsmodell – Chance für die Kommunalpolitik? Opladen: Leske & Budrich

Wendt, Claus/Frisina, Lorraine/Rothgang, Heinz (2009): Health Care Systems. A conceptual framework for comparison. In: Social Policy & Administration, No. 43, 85-105

Windeler, Arnold/Sydow, Jörg (Hrsg.) (2007): Kompetenz. Individuum, Organisation, Netzwerke. Wiesbaden: VS Verlag für Sozialwissenschaften

Winter, Thomas von (1997): Schwache Interessen: Zum kollektiven Handeln randständiger Gruppen. In: Leviathan, H. 25, 539-566

Patienteninteressen im deutschen Gesundheitswesen

Andreas Hänlein & Wolfgang Schroeder

Einleitung

Die Akteurskonstellation im deutschen Gesundheitssystem differenziert sich fortwährend organisatorisch und institutionell aus. Viele Jahrzehnte existierten keine eigenen Lobbyorganisationen, die sich nur auf die Interessen der Patienten fokussierten. Stattdessen wurden deren Anliegen als Teil der Versicherteninteressen begriffen, die primär durch die Gewerkschaften und andere Arbeitnehmerorganisationen vertreten werden. Mit der in den 1970er Jahren auch in Deutschland entstehenden Selbsthilfebewegung von Patienten, aus der heraus bald dauerhaft agierende Interessenorganisationen entstanden, begann eine neue Zeitrechnung. Dieser Beitrag geht der Frage nach, ob organisierte Patienteninteressen als ‚schwach' beurteilt werden müssen. Eine solche Einschätzung scheint zwar auf der Hand zu liegen und wird auch oft sehr selbstverständlich vertreten. Angebracht ist demgegenüber ein sehr viel differenzierteres Bild. Um dieses zeichnen zu können, sollen zunächst einige begriffliche und phänomenologische Klärungen vorgenommen werden, auf deren Grundlage der Befund von der Schwäche der Patienteninteressen rekonstruiert werden kann. In zwei weiteren Abschnitten geht es um die Möglichkeiten der Artikulation von Patienteninteressen in den Institutionen des Gesundheitssystems, wobei dabei zu berücksichtigen ist, dass im Jahr 2004 mit der gesetzlich fixierten, institutionalisierten Patientenbeteiligung gewissermaßen eine neue Etappe begonnen hat; deshalb sind die Zeiträume vor bzw. nach dem 1.1.2004 getrennt zu beleuchten. Schließlich sollen die skizzierten Entwicklungen aus dem Blickwinkel einer ‚Governance-Perspektive' interpretiert werden.

Patienten, Patienteninteressen und Patientenorganisationen

Definitorische Annäherung

Patienten sind leidende Menschen (‚pati'), die wegen ihrer Krankheit medizinische Behandlung benötigen bzw. in Anspruch nehmen bzw. in Anspruch nehmen wollen. Deshalb ist die Beziehung zu einem Arzt oder einem Angehörigen eines anderen Heilberufs von entscheidender Bedeutung, um Interessen zu definieren, die sich aus dem Patientenstatus ergeben und die Patienten von einem gesunden Versicherten deutlich unterscheiden. Jeder kann zum Patienten werden und deshalb Hilfe benötigen. Insofern ist jeder gesunde Mensch ein potenzieller Patient. Meist betrachtet man aber jemanden, der wieder gesund geworden ist, nicht mehr als Patienten. Vielfach ist also die Qualität, Patient zu sein, gewissermaßen etwas Ephemeres. Anders sieht dies bei chronischen Krankheiten aus, die lang andauernde Beziehungen der Betroffenen zu behandelnden Personen begründen. Eine chronische Erkrankung, die Betroffene hinsichtlich der Teilhabe am gesellschaftlichen Leben beeinträchtigt, begründet eine Behinderung[1]. Insofern können sich auch behinderte Menschen über längere oder lange Zeit in einer Behandlungsbeziehung befinden.

Es lassen sich also unterschiedliche Differenzierungen hinsichtlich der Erscheinungsformen vornehmen, in denen man sich Patienten vorstellen kann. So ist die Situation von Patienten sehr stark davon geprägt, wie gravierend ihre Krankheit ist, ob sie an einer Bagatellerkrankung leiden, beispielsweise an einer Magenverstimmung, oder an einer nicht ungefährlichen Erkrankung, die aber in der Regel beherrschbar ist, beispielsweise an einer Lungenentzündung, oder aber an einer nicht mehr behandelbaren lebensbedrohlichen Erkrankung, die in mehr oder weniger absehbarer Zeit zum Tode führen wird.

Die unterschiedliche Lage von Patienten lässt sich entlang folgender Kategorien identifizieren, die zugleich auch die Heterogenität der Interessenlagen andeuten:

- Ziel der jeweiligen Maßnahmen, die angesichts des Krankheitsbildes im Vordergrund stehen. Danach wären vor allem heilende und lindernde Maßnahmen zu unterscheiden, bei einem weiteren Patientenbegriff vielleicht auch pflegerische Leistungen.
- Dauer und Kosten der Behandlung.
- Heilungsperspektive, wissenschaftlicher Forschungsstand und Forschungsbedarfe.
- Art der medizinischen Dienstleister, die in Anspruch genommen werden. So sind insbesondere Personen, die ambulante ärztliche Behandlung bei niedergelassenen Ärzten in Anspruch nehmen, in einer anderen Lage als Kranke, die stationär behandelt werden. Jedenfalls in der deutschen Versorgungslandschaft treten Patienten dem Arzt, der sie ambulant behandelt, eher in einer individua-

---

[1] Vgl. die Legaldefinition in § 2 Abs. 1 S. 1 SGB IX: „Menschen sind behindert, wenn ihre körperliche Funktion, geistige Fähigkeit oder seelische Gesundheit mit hoher Wahrscheinlichkeit länger als sechs Monate von dem für das Lebensalter typischen Zustand abweichen und daher ihre Teilhabe am Leben in der Gesellschaft beeinträchtigt ist."

lisierten Weise entgegen; im Krankenhaus ist die Situation stärker standardisiert.

- Angewiesenheit auf Hilfe Dritter.

Patienteninteressen

a) Behandlungsinteressen

Patienten haben Interessen. Primär geht es darum, dass ihnen der Arzt möglichst schnell zur Wiedererlangung ihrer Gesundheit verhelfen möge, dass er die richtige Diagnose finde, die richtige Maßnahme auswähle und einsetze, all dies nach den Regeln der ärztlichen Kunst. Das, woran jemand, der krank ist, interessiert sein kann, ist tendenziell maß- und schrankenlos: so gut und so viel wie möglich an Maßnahmen, die die Krankheit so schnell wie möglich wieder beseitigen. Bedenkt man, dass all dies Geld kostet, dann wird klar, dass sich das Interesse an medizinischer Behandlung teils mehr, teils weniger mit dem Interesse deckt, wirtschaftlich in die Lage versetzt zu werden, die erwünschte Behandlungsmaßnahme auch tatsächlich in Anspruch nehmen zu können.

Dabei ist allerdings zu berücksichtigen, dass es nicht immer darum geht, die Möglichkeit zu haben, Behandlungsmaßnahmen ‚einzukaufen', die andernfalls nicht stattfinden könnten. So verhält es sich vielmehr nur bei teuren Maßnahmen, etwa bei Krankenhausaufenthalten oder bei der Versorgung mit im Verhältnis zur jeweiligen wirtschaftlichen Leistungsfähigkeit kostentreibenden Medikamenten oder Hilfsmitteln. In vielen anderen Fällen, wenn ein solches ‚Großrisiko' nicht vorliegt, besteht das Interesse der Patienten genau besehen darin, eine kunstgerechte Behandlung zu erhalten, ohne dafür Konsumverzicht in sonstiger Hinsicht hinnehmen zu müssen.

Berücksichtigt man das finanzielle Interesse, so wird zugleich deutlich, dass Patienteninteressen unterschiedliche Adressaten haben können. Adressat ist – im Hinblick auf die Behandlungsmaßnahmen – der Arzt oder sonstige Dienstleister. In einem Sozialstaat mit funktionierenden sozialen Versicherungen richtet sich das Interesse an einem möglichst günstigen Preis für eine möglichst gute Behandlung nicht allein an den Arzt, sondern vielmehr an die gesetzliche Krankenversicherung.

b) Infrastrukturinteressen

Auch hinsichtlich der Behandlungsqualität spielt die medizinische Infrastruktur in institutioneller, personeller und technisch-apparativer Hinsicht eine herausragende Rolle. Dazu gehört auch eine wissenschaftliche und industrielle Infrastruktur, die notwendig ist, um medizinisches Wissen und medizinische Produkte herzustellen. Wer krank ist und einen Arzt sucht, ist an einem direkten Zugang ohne Wartezeiten interessiert. Aber nicht erst dem Erkrankten dürfte an der Existenz einer jederzeit nutzbaren medizinischen Infrastruktur gelegen sein, sondern auch dem Gesunden, der bloß potenzieller Patient ist, wird dieser Zustand interessieren müssen, und zwar weit im Vorfeld, denn sonst lässt sich im Ernstfall das Behandlungsinteresse nicht oder zumindest nicht optimal realisieren.

c) Sekundärinteressen

Das Verhältnis Patient-Arzt besitzt viele Facetten. Dabei sind auch sekundäre Patienteninteressen heterogener Natur zu berücksichtigen. So mag es sich in vielen Fällen so verhalten, dass der Arztbesuch nicht oder nicht nur der Behandlung wegen erfolgt, sondern auch, um personenbezogene Gespräche führen zu können, um das Gefühl zu erhalten, bei jemandem Gehör zu finden, von diesem als Person ernst genommen zu werden. In eine andere Richtung geht das Interesse, bei nicht kunstgerechten ärztlichen Behandlungen ggf. Ausgleichsansprüche geltend zu machen (Haftungsinteresse).

Patientenorganisationen

Organisationen zur Bündelung und Artikulation der Interessen von Patienten gibt es in Deutschland bereits seit längerer Zeit. Viele gehen zurück auf die Patienten- und Gesundheitsbewegung der 70er und 80 er Jahre des letzten Jahrhunderts. Dabei gibt es sehr unterschiedliche Ansätze der Organisationsbildung. Für einen kursorischen Überblick über die verschiedenen Ansätze liegt es nahe, die vier großen Verbände in den Blick zu nehmen, die heute im Rahmen der institutionalisierten Patientenvertretung offiziell als maßgebliche Organisationen der Patientenvertretungen vom BMGS anerkannt sind (Hänlein 2009a: 1110).[2]

Einen ersten organisatorischen Ansatz, denjenigen der Patientenselbsthilfe, repräsentieren der Deutsche Behindertenrat und die Deutsche Arbeitsgemeinschaft Selbsthilfegruppen.

---

[2] Die folgende Darstellung beruht auf den Internetseiten der angesprochenen Organisationen.

Der Deutsche Behindertenrat[3] wurde 1999 als Dachverband für Organisationen behinderter und chronisch kranker Menschen und ihrer Angehörigen gegründet, die eine bundesweite und bundespolitische Ausrichtung haben. Wesentliche Ziele der Arbeit des Verbandes sind Gleichstellung und Verbesserung der Teilhabechancen behinderter und chronisch kranker Menschen; er versteht sich als Interessenvertretung, die u.a. auf die Sicherstellung der Arbeit der für behinderte und chronisch kranke Menschen notwendigen Dienste hinwirkt. Damit sind auch die für die Patientenperspektive relevanten Gesundheitsdienste angesprochen. Mitglieder des Deutschen Behindertenrats sind einerseits Behindertenverbände, die meist auf spezifische Behinderungen spezialisiert sind (Beispiele: Die „Bundesvereinigung Lebenshilfe" vertritt Menschen mit geistiger Behinderung; die „Bundesarbeitsgemeinschaft Hörbehinderter" engagiert sich vor allem für Studierende und Absolventen). Andererseits gibt es Mitgliedsverbände, denen es um die Interessen chronisch Kranker bestimmter Indikationen geht (Beispiel: Deutsche AIDS-Hilfe). Insgesamt ist der Deutsche Behindertenrat ein Dachverband für die Interessen von Menschen mit langwährenden gesundheitlichen Beeinträchtigungen, dessen Mitgliedsverbände mehr oder weniger stark auf spezifische, medizinische Problemlagen ausgerichtet sind.

Ähnliches gilt für die 1982 gegründete Deutsche Arbeitsgemeinschaft Selbsthilfegruppen[4]. Das Anliegen von Selbsthilfegruppen, wie sie in der Arbeitsgemeinschaft organisiert sind, ist die gemeinsame Bewältigung von Krankheiten oder von psychischen und sozialen Problemen, die die Mitglieder entweder selbst oder als Angehörige betreffen. Thematisch geht es auch hier meist um den Umgang mit bestimmten Behinderungen oder chronischen Erkrankungen.

Ein deutlich anderes Organisationskonzept, das sich als bürgerschaftlich-gesundheitspolitisch kennzeichnen lässt, repräsentiert die seit 1989 existierende Bundesarbeitsgemeinschaft der PatientInnenstellen.[5] Mitglieder der Bundesarbeitsgemeinschaft sind unabhängige und neutrale Patientenstellen, die sich mit Informations- und Beratungsangeboten an, wie es heißt, „PatientInnen, Versicherte, [und] BürgerInnen" richten. Informations- und Beratungsangebote beziehen sich auf gesunde Lebensumstände und die Lebensführung im Allgemeinen wie auch auf die Unterstützung bei Krankheiten sowie bei Therapiemöglichkeiten etc. Auch die Durchsetzung von Patientenrechten, u.a. in Haftungsfällen, spielt eine Rolle. Organisationsprinzip ist die Unabhängigkeit von spezifischen Krankheitsbildern. Die Tätigkeit der Patientenstellen ist vom Gedanken der Hilfe zur Selbsthilfe geprägt. In

---

[3] www.deutscher-behindertenrat.de.
[4] www.dag-sebsthilfegruppen.de.
[5] www.gesundheits.de/bagp/.

ihnen sind vor Ort „engagierte Betroffene sowie ehrenamtliche und/oder haupt-
amtliche MitarbeiterInnen" aktiv.

Wiederum auf andere Weise setzt das am Gedanken des Verbraucherschutzes
ausgerichtete Organisationskonzept an, für das die Verbraucherzentrale Bundesverband e.V.[6] steht. In der Verbraucherzentrale sind die 16 Verbraucherzentralen der
Bundesländer und 25 verbraucherpolitische Verbände organisiert, unter denen sich
kein einziger Verband befindet, der dezidiert auf Gesundheitsthemen ausgerichtet
ist. Die Verbraucherzentrale kümmert sich um eine große Zahl verbraucherpoliti-
scher Themen, zu denen auch das Thema ‚Gesundheit' zählt.

Sind Patienteninteressen starke oder schwache Interessen?

Assoziiert man beim Begriff des Patienten eine schwer kranke Person, die womöglich kaum mehr oder überhaupt nicht mehr handlungsfähig ist, erscheint es nahe
liegend, Patienteninteressen als schwach anzusehen. Wie sollte ein solcher Patient,
eine solche Patientenorganisation Interessen wahrnehmen?

Aus einer politikwissenschaftlichen Perspektive darf die Frage, ob Patienteninteressen stark oder schwach sind, jedoch nicht allein auf das Individuum, sondern
muss auf den organisierten Kontext bezogen werden, also auf die Patientengruppen
und -verbände. Interessengruppen lassen sich nach der Art der jeweils organisierten
Interessen (allgemeine, spezielle, kollektive, private Interessen), nach deren gesellschaftlich vorzufindender Struktur (latente und manifeste Interessen) und nach
ihrer Vermittlung und damit hinsichtlich des implizierten Interessenzieles charakterisieren. Innerhalb der politikwissenschaftlichen Verbändeforschung, die auch über
die Politikwissenschaften hinaus für die Diskussion des Gewichts schwacher Interessen in modernen ‚Governance-Konstellationen' wichtig ist, dominiert die Frage
danach, welche Voraussetzungen vorliegen müssen, damit Interessen artikulations-,
organisations-, mobilisierungs- und letztlich durchsetzungsfähig werden (Lösche
2007). Aus dieser Sicht muss die Frage lauten, ob Patientengruppen in ihrer motiva-
tionalen und materiellen Ressourcenausstattung eher den schwachen Interessen, wie
bspw. den Obdachlosengruppen gleich zu stellen sind, oder eher den so genannten
starken Interessen, wie bspw. Organisationen Erwerbstätiger, die über Machtpoten-
ziale und einen hohen Organisationsgrad verfügen. Da Patientengruppen immer
auch Forderungen stellen, die potenziell auch für die vorteilhaft sein könnten, die
gegenwärtig zwar nicht auf diese Unterstützung angewiesen sind, gleichwohl aber in
diesen Zustand gelangen könnten, können auch partikulare Ziele und Forderungen

---

[6] www.vsbv.de.

einen vergleichsweise hohen ,moralischen' Universalisierungsanspruch geltend machen.

Patienteninteressen und ihre organisatorische Basis müssen sehr differenziert betrachtet werden. Die folgende Zwischenüberlegung versucht eine solche Betrachtung und nimmt dabei auf die bereits in der Einleitung dargestellte theoretische Diskussion in der Verbändeforschung Bezug.

a) Beurteilung des Behandlungsinteresses

Dasjenige Patienteninteresse, das in der Beziehung des Patienten zum Arzt oder allgemeiner zu einem medizinischen Dienstleister wirkt – also in der Beziehung, die den Patienten begrifflich zum Patienten macht – ist das Behandlungsinteresse, d.h. das Interesse an der möglichst hilfreichen, kunstgerechten medizinischen ,Maßnahme'. Insoweit mag es in der Tat nahe liegen, von einem schwachen Interesse zu sprechen, denn es besteht in der Beziehung etwa des Arztes zum Patienten in der Regel eine erhebliche Informationsasymmetrie bei gleichzeitig vielfach durch eine Krankheit geschwächter Konfliktfähigkeit; denn Konflikte wären es wohl, in denen sich die Stärke eines Interesses zu bewähren hätte. Zum Schwure käme es, wenn es darum geht, in einem Konflikt etwa eine Behandlung abzulehnen oder – umgekehrt – eine Behandlung durchzusetzen und zur Not auch den Behandler zu wechseln (exit option). Allerdings ist das Ausmaß der Schwäche keineswegs uniform, sondern hängt stark ab vom Krankheitsbild, vom Bildungsstand des Patienten, von seinen finanziellen Ressourcen und auch von den regional bereitstehenden Alternativen.

Soweit es um die finanzielle Dimension des Behandlungsinteresses geht, richtet sich das Interesse eher gegen den Kostenträger, gegen die Krankenkasse. Hier hängt die Artikulations- oder Konfliktfähigkeit vom individuellen Geschick im Umgang mit bürokratischen Hemmnissen ab. Im konkreten Konflikt dürften erneut Bildungsstand und gesundheitlicher Zustand eine Rolle spielen, wobei vielfach der Behandler, dessen Interessen an vergüteten Maßnahmen oft mit dem Patienteninteresse zusammen fallen, den Patienten unterstützen wird. Auch gegenüber dem Kostenträger kommt im Notfall die Option des Wechsels in Betracht.

In den erwähnten Konstellationen werden Patienteninteressen in der Regel in individualisierter Form geltend gemacht werden. Eine kollektive Interessenwahrnehmung ist angesichts des vielfach ,ephemeren', latenten Charakters der Patienteneigenschaft eher unwahrscheinlich. Anders verhält sich dies, wenn die Patienteneigenschaft dauerhaft wird. Chronisch Kranke finden eher zueinander; über das gemeinsame Merkmal eines spezifischen und dauerhaft manifesten Krankheitsbildes kann sich eine abgrenzbare Gruppe bilden, die ihren Mitgliedern auch ein ‚selektives Gut' bieten kann. Dementsprechend etablieren sich häufig Selbsthilfeorganisationen, die durch Beratung die Mitglieder gegenüber Behandlern und Kostenträgern stärken sollen. Insofern ist das Interesse der ‚Chroniker' womöglich als weniger schwach einzuschätzen. Allerdings werden solche Organisationen vielfach Schwierigkeiten haben, materielle Ressourcen zu mobilisieren.

Bei anderen Organisationen kann es um die Fähigkeit, Ressourcen zu mobilisieren, besser bestellt sein. Insbesondere Verbraucherberatungsstellen, die sich auch um die Belange von Patienten kümmern, erhalten in aller Regel Förderung seitens der öffentlichen Hand. Bei diesen Organisationen handelt es sich nicht um Selbsthilfe-, sondern um advokatorisch tätige Organisationen. Es gibt diesbezüglich unterschiedliche Erscheinungsformen. Für Verbraucherberatungsstellen ist die Beratung von Patienten eine von vielen Dienstleistungen. Dagegen geht es den Patientenberatungsstellen alleine um die Patientenberatung.

In der Summe könnte die Einschätzung gerechtfertigt sein, dass Patienten durch heterogene Verbände eine nicht unbeachtliche Unterstützung im Hinblick auf ihr Behandlungsinteresse erfahren können, so dass zwar kaum von einem ‚starken Interesse' gesprochen werden kann, andererseits aber auch nicht von extremer Schwäche.

b) Beurteilung des Infrastrukturinteresses

Was das oben angesprochene Infrastrukturinteresse angeht, können Patienteninteressen als stark bezeichnet werden, wenn es vergleichsweise einfach ist, diese Interessen im politischen Raum als universelle Anliegen zu artikulieren. Die Artikulation von Interessen in der politischen Debatte erfolgt meist über Organisationen, die sich als Lobbyisten für ein Interesse betätigen. Lobbyisten für Patienteninteressen gibt es, wie oben angesprochen, in unterschiedlicher Gestalt, teils als Betroffenenverbände, teils als gesundheits- oder verbraucherpolitisch ausgerichtete Organisationen mit advokatorischem Charakter. Die Existenz dieser Organisationen relativiert die Schwäche der Patienteninteressen in gewissem, schwer zu bemessendem Ausmaß, wobei auch in diesem Zusammenhang zu vermuten ist, dass die Chronikerinteressen mit dem größten Nachdruck artikuliert werden. Im Hinblick auf die Fähigkeit der Mobilisierung von Ressourcen liegt die Hypothese nahe, dass es den Verbraucherberatungsstellen am ehesten gelingen kann, in der gesundheitspolitischen Diskussion wahrnehmbare Positionen hinsichtlich der medizinischen Infrastruktur geltend zu machen.

Dass schließlich die politischen Parteien Patienteninteressen als solche besonders betonen würden, ist nicht ersichtlich. In der Regel werden umfassendere gesundheitspolitische Konzepte propagiert, in denen die Qualität der Behandlung einer unter mehreren Gesichtspunkten ist.

Einflusschancen von Patienteninteressen im GKV-System vor 2004

Soziale Selbstverwaltung, Gemeinsame Selbstverwaltung

Am Anfang war die Krankenversicherung. Erst die Versicherungspflicht aufgrund des „Gesetzes über die Krankenversicherung der Arbeiter" von 1883 führte dazu, dass kranke Arbeiter, die sich ohne Versicherung einen Arzt nicht hätten leisten können, in großer Zahl zu Patienten avancierten. In der Krankenversicherung der Arbeiter gab es von Anbeginn an die so genannte ‚soziale Selbstverwaltung'. Soziale Selbstverwaltung meint, dass die Verwaltung der Krankenkassen den Arbeitern und auch den Arbeitgebern bzw. gewählten Vertretern dieser Gruppen anvertraut war – unter Aufsicht des Staates. Soziale Selbstverwaltung in diesem Sinne gibt es nach wie vor (Becker 2008: 655-663; Schroeder 2009). Heute sind die Gruppen der Beschäftigten und der Arbeitgeber in der Regel paritätisch vertreten. Die jeweiligen Repräsentanten werden durch Sozialwahlen bestellt, wobei die Rekrutierung sehr stark von Gewerkschaften und Arbeitgeberverbänden gesteuert wird. Der Ort der Selbstverwaltung ist heute bei den Krankenkassen in der Regel der Verwaltungsrat, seit das Gesundheitsstrukturgesetz von 1992 die Binnenstrukturen der Krankenkassen verschlankt hat, um die Kassen in die Lage zu versetzen, im Wettbewerb um die Versicherten standzuhalten (Hänlein 2009a: 1207f.). Die Selbstverwaltungspartner sind im übrigen auch in den Institutionen des Kassensystems auf den Ebenen der Bundesländer und des Bundes vertreten.

Die Akteure der sozialen Selbstverwaltung vertreten Patienten als Teilgruppe der Versicherten. Versicherte sind sowohl faktische wie auch potenzielle Patienten. Nichtkranke Versicherte können durchaus andere Interessen haben als Patienten, vor allem im Hinblick auf die Höhe der Beiträge zur gesetzlichen Krankenversicherung. Insofern streiten in der Brust der Versicherten, aber auch ihrer Repräsentanten gegenläufige Interessen, das Interesse am guten Leistungsniveau und das Interesse am niedrigen Beitrag. Die Vertreter der Arbeitgeber, deren Beteiligung in der sozialen Selbstverwaltung im Arbeitgeberanteil am Krankenversicherungsbeitrag ihren Grund findet, müssen vor allem die Höhe des Beitrags im Blick haben.

Wichtige Entscheidungen zum Inhalt der Leistungen, die die Krankenkassen finanzieren, werden allerdings nicht von den selbstverwaltungsgeprägten Krankenkassen entschieden, auch nicht von deren Verbänden, sondern von Gremien der sogenannten gemeinsamen Selbstverwaltung, in der Periode vor 2004 vor allem durch die Bundesausschüsse der Ärzte und Krankenkassen (eingehend Hänlein 2001: 345 ff., 453 ff.), heute durch den Gemeinsamen Bundesausschuss. ‚Gemeinsam' heißt diese Form der Selbstverwaltung, weil hier Krankenkassen gemeinsam mit Vertretern der für die Kassen tätigen Ärzte Vorgaben über die medizinische Versorgung beschließen. In einer jahrzehntelangen Entwicklung hat die gemeinsame Selbstverwaltung eine immer wichtigere Rolle erlangt, vor allem die Institutionen der gemeinsamen Selbstverwaltung auf Bundesebene. Seit den 90er Jahren des 20. Jahrhunderts haben die Richtlinien der Bundesausschüsse der Ärzte und Krankenkassen gesetzesgleiche Kraft erhalten. Therapeutische Maßnahmen, die der Gemeinsame Bundesausschuss nicht billigt, dürfen regelmäßig weder abgerechnet noch durchgeführt werden. In der gemeinsamen Selbstverwaltung sind auch die Versicherten vertreten, denn hinter der Entsendung der Kassenvertreter steht die Selbstverwaltung der Kassen. Der Einfluss der Versicherten im Verhandlungsgeschehen zwischen Kassenvertreter und Repräsentanten der Ärzteschaft ist jedoch recht theoretischer Natur. In den letzten Jahren sind die Stimmen aus dem Lager der organisierten Patienteninteressen lauter geworden, die die Legitimation der etablierten Akteure der sozialen Selbstverwaltung in Frage stellen.

Versicherte als Kassenkunden

Das Gesundheitsstrukturgesetz (1992) hat die Selbstverwaltung der Krankenkassen geschwächt und die Binnenstrukturen der Krankenkassen jenen von Unternehmen angenähert. Zugleich hat es ein allgemeines Kassenwahlrecht der Versicherten eingeführt (Hänlein 2009a: 1166f.). Den Krankenkassen sind daher Versicherte nicht mehr fest zugewiesen; sie müssen sich vielmehr bemühen, Versicherte an sich zu binden – vor allem solche Versicherte, die sich als ‚gute Risiken' darstellen. Der Wettbewerb um die Versicherten wurde lange in erster Linie über die Höhe des Beitragssatzes ausgetragen, aber auch über einen verbesserten Kundenservice, weniger über die Ausgestaltung der medizinischen Leistungen, denn diesbezüglich hatten die Krankenkassen nur geringe Handlungsmöglichkeiten. Für die Versicherten, die das Gesetz offenkundig als ‚Kassenkunden' sieht, bedeutete diese Reform die Möglichkeit, sich von einer Krankenkasse abzuwenden, wenn diese sich nicht ihren Wünschen entsprechend verhält (exit option). Die Stellung der Versicherten wurde auf diese Weise gestärkt.

Andererseits hat der neue Wettbewerb unter den Krankenkassen den Einfluss der Versicherten als potenzielle Patienten in der Selbstverwaltung eher geschwächt. In der internen Organisation der Kassen wurden die Selbstverwaltungsgremien reduziert und verkleinert. Die Kassen müssen sich seitdem als Unternehmen sehen, die sich in einem Wettbewerb zu behaupten haben, der, wie gesagt, lange in erster Linie über den Beitragssatz ausgetragen wurde. Unter solchen Rahmenbedingungen dürfte die Artikulation von Patienteninteressen innerhalb der hergebrachten sozialen Selbstverwaltung schwieriger geworden sein (vgl. auch Hänlein 2001: 498). Ob die Verlagerung der Festsetzung des allgemeinen Beitragssatzes auf die Bundesregierung die Aufmerksamkeit für das Patienteninteresse wieder stärken kann, lässt sich derzeit noch nicht beurteilen.

Rechtsschutz für versicherte Patienten

Im Krankheitsfall können die Versicherten als Patienten Rechtsansprüche an ihre Krankenkasse richten. Wem ein Rechtsanspruch zusteht, dem steht zugleich das Recht zu, diesen Anspruch auch vor Gericht zu verfolgen, wenn der Anspruchsgegner nicht leistet, was er leisten sollte. Die Möglichkeit, wegen einer verweigerten Behandlung um Rechtsschutz bei der Sozialgerichtsbarkeit nachzusuchen, lässt sich als ein wesentliches Patientenrecht begreifen. Findet der Patient, der in bestimmter Weise behandelt werden möchte, dem jedoch diese Behandlung verweigert wird, den Weg zum Gericht, kann das Gericht die Schwäche des Patienten unter Umständen ausgleichen.

Das Ausmaß, in dem die Sozialgerichtsbarkeit zu solcher Hilfestellung berufen war bzw. sich dazu berufen fühlte, war Wandlungen unterworfen, die den Vorwurf gestärkt haben könnten, Patienteninteressen würden in der gemeinsamen Selbstverwaltung nicht ausreichend berücksichtigt. Lange Zeit wurde es letztlich als Sache der Gerichte angesehen zu beurteilen, ob ‚alternative' oder neue Behandlungsmethoden als notwendig anzusehen seien. Es kam immer wieder einmal zu Entscheidungen des Bundessozialgerichts, die schwer kranken Versicherten den Weg zu derartigen Behandlungen eröffneten (Hauck 2009: 53; Schulin/Enderlein 1990: 503ff.). Dies änderte sich gravierend in den 90er Jahren. Damals wuchs die abschließende Entscheidungskompetenz zu diesen Fragen dem Bundesausschuss der Ärzte und Krankenkassen zu, teils durch ausdrückliche gesetzliche Regelungen des damals neuen SGB V, teils durch eine geänderte Rechtsprechung des Bundessozialgerichts, das damals den Behandlungsanspruch des Versicherten als ‚Rahmenrecht' konzipierte, das der Konkretisierung durch den behandelnden Arzt bedürfe (Hauck 2009: 55 ff.; Neumann 2006). Dieses Konzept führte zu einer Entlastung der Sozialgerichtsbarkeit, die sich mit der medizinischen Validität neuer Methoden nun nicht mehr en detail auseinandersetzen musste. Aus Sicht der Patienten schwächt das Konzept vom Rahmenrecht den Rechtsschutz durch die Sozialgerichte.

Aufwertung der Patienteninteressen seit 2004

Einführung und Ausbau einer Patientenbeteiligung im GKV-System seit 2004

Das GKV-Modernisierungsgesetz der rot-grünen Koalition führte mit der Patientenbeteiligung in verschiedenen Institutionen der gemeinsamen Selbstverwaltung ein konzeptionell völlig neues Element in die gesetzliche Krankenversicherung ein (Hänlein 2009a: 1108f.). Seitdem gibt es gesetzlich geregelte Mitwirkungsrechte von Interessenorganisationen der Patienten bei verschiedenen Entscheidungsprozessen, insbesondere im Gemeinsamen Bundesausschuss, der 2004 an die Stelle der bisherigen zentralen Institutionen der gemeinsamen Selbstverwaltung getreten ist, vor allem an die Stelle der Bundesausschüsse der Ärzte und Krankenkassen (Etgeton 2009).

Hintergrund der Einführung einer spezifischen Patientenvertretung waren gesundheitswissenschaftliche und gesundheitspolitische Diskussionen um die Rechte der Patienten, die wesentliche Impulse der patient-rights-Bewegungen, der WHO und des Europarates aufnahmen. Die neuen Mechanismen zur Stärkung der Patientensouveränität beruhen auf einem anderen Ansatz als die Partizipation der Versicherten im Rahmen der sozialen Selbstverwaltung. Gründet das hergebrachte Partizipationsmodell in der Doppelrolle der Mitglieder als Beitragszahler und potenzielle Anspruchsinhaber, so geht es nun allein um den Anspruchsaspekt, allein um die Patientenrolle. Spätere Reformgesetze, insbesondere das GKV-Wettbewerbsstärkungsgesetz von 2007, haben die Stellung der Patientenvertreter weiter gestärkt, insbesondere durch die Bereitstellung materieller Ressourcen. Kraft Gesetzes wurden die vier oben dargestellten Patientenorganisationen als repräsentative Organisationen anerkannt, die insbesondere im Gemeinsamen Bundesausschuss für die Wahrnehmung der Interessen der Patientinnen und Patienten für zuständig angesehen werden. Auf diese Weise werden ganz unterschiedliche Organisationsmodelle institutionell zusammengeführt. Auf der ‚Patientenbank' sitzen nun Verbände mit sehr unterschiedlichem Gewicht. Diese Stärkung der institutionell verankerten Beteiligungsrechte hat bei den Patientenorganisationen selbst auch zu Kompetenzzuwächsen geführt (Etgeton 2009: 227).

Verfassungsrechtliche Aufwertung der Patienteninteressen

Eine weitere Entwicklung, die ebenfalls in die Periode nach 2004 fällt, ist eine Aufwertung der Patientenrechte durch eine Entscheidung des Bundesverfassungsgerichts im Dezember 2005 (BVerfG 2005). Das Bundesverfassungsgericht hatte ein Urteil des Bundessozialgerichts verfassungsrechtlich zu bewerten, mit der das Gericht einem schwer kranken Versicherten eine nach den Regularien des Kassensystems nicht vorgesehene Behandlungsmethode versagt hatte. In seiner Aufsehen erregenden Entscheidung erklärte das Bundesverfassungsgericht die oben angesprochene Rechtsprechung des Bundessozialgerichts in bestimmten Fällen für verfassungswidrig. Es leitet u.a. aus dem Grundrecht auf Leben und körperliche Unversehrtheit eine Pflicht des Staates ab, bei lebensbedrohlichen Erkrankungen schulmedizinisch nicht oder noch nicht anerkannte Behandlungsmethoden nicht aus dem Versorgungsprogramm der Krankenversicherung auszuschließen. Im Ergebnis läuft dieser sehr umstrittene verfassungsrechtliche Ansatz darauf hinaus, in den erwähnten dramatischen Fällen den Patienten wieder zu einem verbesserten Rechtsschutz durch die Sozialgerichtsbarkeit zu verhelfen.

Interpretation des Status quo aus der Governanceperspektive

In den vergangenen 20 Jahren haben sich die Mechanismen der Steuerung des Gesundheitssystems sehr stark verändert. Hervorzuheben sind zwei Entwicklungen, die auf den ersten Blick gegenläufig erscheinen, die aber genau besehen auch als komplementär gedeutet werden können (Hänlein 2009; Schroeder 2009). Die eine dieser Entwicklungen ist die Einfügung wettbewerblicher Elemente in das System der gesetzlichen Krankenversicherung. Die Kassen werden seit Mitte der 90er Jahre als Wettbewerber gesehen, die um Kunden zu werben haben und über effiziente innere Strukturen verfügen müssen, um am politisch konstituierten Markt bestehen zu können. Die mit diesem Konzept verbundenen Reformmaßnahmen haben die traditionelle soziale Selbstverwaltung geschwächt.

Dasselbe gilt für die zweite Entwicklung, die durch eine Stärkung zentraler Gremien auf Bundesebene gekennzeichnet ist. Oben wurde vor allem auf die Stärkung der Entscheidungsbefugnisse des Gemeinsamen Bundesausschusses hingewiesen, dessen Richtlinien bundesweit für Kassen, Leistungserbringer und Versicherte Verbindlichkeit beanspruchen. Diese Entwicklung hat gewissermaßen den Abstand zwischen den Entscheidungsträgern und der von den Entscheidungen betroffenen Basis vergrößert und so die Rückbindung an die Basis deutlich ‚verdünnt'.

Die aus den angedeuteten Entwicklungen resultierende Schwächung der hergebrachten sozialen Selbstverwaltung dürfte insgesamt die Artikulation der infrastrukturbezogenen Interessen von Patienten erschwert haben. Die Politik reagierte auf diese Veränderungen mit der Einführung der Patientenbeteiligung in wichtigen Gremien des Gesundheitssystems. Dieses völlig neue Partizipationsmodell bietet den wichtigsten Patientenorganisationen ein inzwischen auch ressourciell abgestütztes Mitberatungsrecht und läuft auf eine deutliche Stärkung dieser Organisationen hinaus (Etgeton 2009: 227). Ob dieses innovative Konzept die ‚Governance des Gesundheitswesens' in einer Weise verändert hat, dass man von ‚good governance' sprechen kann, ist eine Frage, deren Beantwortung eine empirische Aufklärung der tatsächlichen Abläufe in den Gremien erfordert und auch eine Vergewisserung über den normativen Gehalt dessen, was ‚good governance' in diesem Bereich ausmachen kann.

Literatur

BVerfG (2005): Beschluss des Bundesverfassungsgerichts vom 5.12.2005 – 1 BvR 347/98 – in: BVerfGE 115, 25 ff.

Becker, Ulrich (2008): Organisation und Selbstverwaltung der Sozialversicherung. In: B. von Maydell, F. Ruland, U. Becker (Hrsg.): Sozialrechtshandbuch, 4. Aufl., Baden-Baden: Nomos, 645-664

Etgeton, Stefan (2009): Patientenbeteiligung im Gemeinsamen Bundesausschuss; in: W. Schroeder, R. Paquet (Hrsg.): Gesundheitsreform 2007, Wiesbaden: VS Verlag für Sozialwissenschaften, 222-228

Hänlein, Andreas (2001): Rechtsquellen im Sozialversicherungsrecht. System und Legitimation untergesetzlicher Rechtsquellen des deutschen Sozialversicherungsrechts. Berlin u.a.: Springer

ders. (2009a): in ders., J. Kruse: Sozialgesetzbuch V. Gesetzliche Krankenversicherung. Darin u.a.: Kommentierung folgender Abschnitte: Beteiligung von Patienten, 1107-1114; Mitgliedschaft und Verfassung der Krankenkassen, 1182-1224. Baden-Baden: Nomos

ders. (2009b): Zur Verfasstheit gesetzlicher und privater Krankenversicherungsunternehmen nach der Gesundheitsreform 2007. In: W. Schroeder, R. Paquet (Hrsg.): Gesundheitsreform 2007, Wiesbaden: VS Verlag für Sozialwissenschaften, 112-117

Hauck, Ernst (2009): Die Außenseitermethode – eine Herausforderung für die gesetzliche Krankenversicherung (GKV). In: J. Bender, W. Eicher (Hrsg.): Sozialrecht – eine Terra incognita, Saarbrücken: Alma Mater, 49-68

Lösche, Peter (2007): Verbände und Lobbyismus in Deutschland. Stuttgart: Kohlhammer

Neumann, Volker (2006): Das Verhältnis des Leistungsrechts zum Vertragsarztrecht. In: F.E. Schnapp, P. Wigge: Handbuch des Vertragsarztrechts, 2. Aufl., München: C.H.Beck, 378-396

Schroeder, Wolfgang (2009): Soziale Selbstverwaltung: Von der klassischen Beteiligungs- zur professionalisierten Effizienzinstitution? In: ders., R. Paquet (Hrsg.): Gesundheitsreform 2007, Wiesbaden: VS Verlag für Sozialwissenschaften, 188-197

Schulin, Bertram/Enderlein, Wolfgang (1990): Die Leistungspflicht der gesetzlichen Krankenversicherung bei Anwendung von Außenseitermethoden nach dem SGB 5. In: Zeitschrift für Sozialreform, H. 8, 502-514

Gestaltungsoptionen für das berufliche Schulwesen

Ute Clement

Berufliches Schulwesen

Kaufmännische und gewerbliche Schulen vereinen eine Vielzahl unterschiedlicher Schulformen. Sie umfassen Angebote von Berufsvorbereitung und beruflicher Grundbildung über Berufsausbildung in verschiedenen Formen der Berufsfachschulen bis hin zu Fachoberschulen und beruflichen Gymnasien. Sie bereiten auf Ausbildung oder weiterführende Bildungsgänge vor und bilden selbst aus – alleine oder gemeinsam mit einem betrieblichen Partner. Auch können sie unter bestimmten Bedingungen Maßnahmenträger für die Agentur für Arbeit oder andere Bildungsanbieter aus der Weiterbildung sein.

So verschieden die Aufgaben der beruflichen Schulen, so heterogen ist auch ihr Klientel: Die Lernenden sind Jugendliche und junge Erwachsene mit unterschiedlichen Bildungskarrieren, häufig aus verschiedenen Herkunftsländern und mit sehr gemischtem sozialen Hintergrund. Einige von ihnen sind noch schulpflichtig, andere über einen Lehrvertrag an die Schule gebunden, wieder andere besuchen die Schule, um einen weiterführenden Abschluss oder einen Berufsabschluss zu erlangen und schließlich gibt es auch Lernende, die Schulgeld bezahlen, um eine Ausbildung in einer Berufsfachschule besuchen zu können. Kurz: Es handelt sich um eine vielfältige Bildungslandschaft, die eigentlich nur eines gemeinsam hat: Alle Formen beruflicher Schule haben den Anspruch, allgemeine mit beruflicher Bildung und Persönlichkeitsentwicklung mit Qualifizierung zu verbinden.

Schwache Interessen in der beruflichen Bildung

Wenn internationale Bildungsforscher zu dem Ergebnis kommen, das deutsche Bildungssystem sei nicht in der Lage, die Inklusion von Jugendlichen in Gesellschaft und Arbeitsmarkt in ausreichendem Maße zu unterstützen (Munoz 2007; Statistisches Bundesamt 2006; Baethge et al. 2007), dann ist das berufliche Schulwesen Täter und Opfer zugleich: Es leidet darunter, dass die Absolventen allgemeinbildender Schulen einen ungenügenden Bildungsstand in die berufliche Bildung hineintragen (Ehrenthal et al. 2005). Andererseits ist aber aus unterschiedlichen

Gründen das berufliche Schulwesen nicht in der Lage, selbst in ausreichendem Maße zu Bildungsgerechtigkeit beizutragen und die Chancen auf und die Chancen auf einen Ausbildungsplatz oder ein Studium zu erhöhen.

Zwischen 2005 und 2008 stieg die Zahl an Ausbildungsplätzen langsam, so dass sich die Situation auf dem Ausbildungsmarkt zu entspannen begann. Betrachtet man jedoch den Zeitraum der vergangenen 15 Jahre (und behält angesichts der aktuellen wirtschaftlichen Aussichten eine angemessene Skepsis bei), so bleibt die Gesamtentwicklung negativ: In diesem Zeitraum schrumpfte die Zahl der Ausbildungsplatzangebote um 17,5%. Der Anteil derjenigen Absolventen allgemeiner Schulen, die in das Duale Berufsbildungssystem einmündeten, sank von 78,3% im Jahr 1992 auf 67,7% im Jahr 2008 (Berufsbildungsbericht 2009: 18).

Dagegen stieg im gleichen Zeitraum die Zahl der Jugendlichen, die ein schulisches Angebot der Berufsvorbereitung (BVJ, BGJ, erstes Jahr BFS) wahrnahmen, um 10,5% und die Zahl der Jugendlichen, die an einer entsprechenden Maßnahme der Agentur für Arbeit teilnahmen, wuchs um 11,1%. Die kompensatorische Funktion der beruflichen Schulen wird auch daran deutlich, dass die Zahl der Teilnehmenden an vollqualifizierenden schulischen Berufsausbildungen in Zeiten sinkenden Ausbildungsplatzangebots stetig ansteigt (BMBF 2008: 15).

Von den rund 734.000 Jugendlichen, die die Bundesagentur für Arbeit 2008 als Ausbildungsstellensuchende registrierte, hatten über die Hälfte die allgemeinbildende Schule bereits im Vorjahr oder noch früher verlassen (BMBF 2008: 59). Der Auftrag der beruflichen Schulen in dieser Situation hätte darin bestanden, mit Hilfe der Berufsvorbereitung und der Berufsgrundbildung die Einstiegssituation der Bewerberinnen und Bewerber zu verbessern. Doch es zeigt sich, dass die Chancen der Jugendlichen auf einen Ausbildungsplatz im dualen System sinken, je mehr Zeit nach Abschluss der allgemeinbildenden Schule verstreicht – unabhängig davon, welche Maßnahmen sie in der Zwischenzeit besuchen (BMBF 2008: 74).

Das berufliche Schulwesen aus Governanceperspektive

Die Situation beruflicher Schulen ist – so lässt sich festhalten – aktuell dadurch geprägt, dass Schülerzahlen im Vollzeitbereich (d.h. Alternativen zur Berufsschule innerhalb des dualen Systems) angestiegen sind, realistische und aussichtsreiche Perspektiven für diese Klientel aber mindestens in einem Teil dieser Bildungsgänge nicht recht vorhanden sind. Dieser Aufsatz könnte daher ein Text über Bildungsungerechtigkeit werden: Von nicht gewährten Bildungszugängen könnte die Rede sein, weil individuelle, soziale oder ethnische Schranken dies verhindern. Bezogen auf die berufliche Bildung im dualen System müsste dann aber vor allem über marktbedingte Knappheiten auf dem Ausbildungsmarkt gesprochen werden und über die Maßnahmen des Übergangssystems: eine bildungspolitische Einbahnstraße ohne Wendemöglichkeit. Von Bildungschancen und deren Beschränkungen im beruflichen Bildungsbereich soll allerdings an dieser Stelle nicht weiter die Rede sein.

Mit Hilfe der Governanceforschung ist es möglich, die Situation der beruflichen Schulen aus einer eher systembezogenen Perspektive zu betrachten. Wenn der Ausbildungsmarkt in Deutschland seit einigen Jahren nicht mehr dazu in der Lage ist, die Nachfrage nach beruflicher Ausbildung angemessen zu bedienen, wie sollen dann der Staat und die Kultusverwaltung, wie sollen berufliche Schulen mit dieser Situation umgehen?

Wie Claus Offe schon in seiner Arbeit „Berufsbildungsreform. Eine Fallstudie über Reformpolitik" in den 1970er Jahren ausführte, besteht die formale Aufgabe des Staates in der Berufsbildung darin, „durch politische Handlungen und Unterlassungen Vorkehrungen dafür [zu treffen], daß bestimmte Interessen (deren Existenz, Richtung und Stärken dem Staat freilich nicht zur Disposition stehen) sich durchsetzen können, bestimmte Konstellationen maßgeblichen Einfluß erlangen und – im Ergebnis – gesellschaftliche Entwicklungen so ablaufen, wie sie ablaufen" (Offe 1975: 11). Der Staat dagegen hat zunächst einmal keine eigenen Interessen außer dem Interesse an der Aufrechterhaltung seiner selbst, d.h. dem Interesse, „überhaupt ein System von Organisationsmitteln des gesellschaftlichen Lebens zu finden und zu erhalten, das widerspruchsfrei und beständig ist" (ebd.: 13).

Die Ausgangshypothese des hier vorgelegten Aufsatzes besteht nun in der folgenden Annahme: Dem Interesse, ein widerspruchsarmes und beständiges System von Organisationsmitteln zu finden, kommen das staatliche Schulsystem und die Schulverwaltung am ehesten nach, wenn sie advokatorisch die Interessen möglichst *aller* Jugendlichen nach Teilhabe an Bildung vertreten bzw. realisieren (ohne dabei freilich die ökonomischen Randbedingungen zu missachten – wenn der Ausbildungsmarkt der Problemgenerator sein sollte, wäre Rahmenbedingungen zutreffender).

Wenn staatliche Bildungsinstitutionen wie Ministerien, Schulämter, Schulträger etc. ihr Eigeninteresse an Aufrechterhaltung und Ausbau ihres politischen Teilsystems stärken wollen, tun sie gut daran, sich die Interessen der Gesellschaft an gut ausgebildetem Humankapital und die Interessen der Bildung Nachfragenden an möglichst umfassender Teilhabe an Bildung zu eigen zu machen.

In einer Situation, in der Knappheiten auf dem Ausbildungsmarkt dazu führen, dass die abgewiesenen Jugendlichen in großer Zahl berufliche Schulen bevölkern und staatliche Ressourcen in Anspruch nehmen, kann der Staat im Wesentlichen auf drei Weisen auf diese Situation reagieren:

1. Er kann in den Ausbildungsmarkt eingreifen und die Betriebe (z.B. mit Hilfe von Ausbildungsabgaben) zwingen oder auf dem Wege von Anreizen oder Verhandlungen veranlassen mehr auszubilden. Zwar besteht zwischen Unternehmern und Gewerkschaften nach wie vor ein deutlicher Dissens in der Frage, ob eine solche Ausbildungsabgabe sinnvoll sei. Einig ist man sich allerdings inzwischen, dass sie politisch im Augenblick recht chancenlos ist. Diese Strategie soll daher im weiteren Verlauf nicht mehr Gegenstand dieses Artikels sein.

2. Der Staat kann die vom Markt Benachteiligten in Schulen ausbilden und auf diese Weise eine staatlich finanzierte und staatlich gesteuerte Alternative zum defizitären Ausbildungsmarkt bereitstellen.

3. Er kann die Schulen selbst zum Teil des Marktes machen, indem er dort die Bedingungen des Marktes weitgehend simuliert.

Im Folgenden möchte ich mögliche Formen und Folgen der beiden letztgenannten Optionen für das berufliche Schulwesen diskutieren und fragen, welche Konsequenzen dies jeweils für die schwachen Interessen (d.h. die auf dem Markt benachteiligten Jugendlichen) hat, die die Berufsbildungspolitik advokatorisch zu vertreten sucht.

Schulisch geprägte Ausbildung

Berufliche Schulen erfüllen potenziell fünf Aufgaben innerhalb des deutschen Bildungssystems: Sie bereiten a) auf Berufsbildung vor, sie bereiten b) auf weiterführende Bildungsgänge in der Allgemeinbildung vor, sie sind c) Partner in der Ausbildung des dualen Systems, sie bilden d) vollschulisch selbst aus, und sie bieten e) Weiterbildung an.

Diese Mehrfachfunktion beruflicher Schulen bringt Akzeptanzprobleme auf Seiten aller Beteiligten mit sich. Die Verkoppelung unterschiedlicher Funktionen im beruflichen Schulwesen scheint nur dann erfolgreich zu sein, wenn eindeutig geklärt ist, welche Aufgabe in einem Bildungsgang dominant ist. Dass z.B. der mittlere Bildungsabschluss unter bestimmten Bedingungen beim Abschluss der dualen Ausbildung ‚mit'-verliehen wird, hat sich als erfolgreiches Modell erwiesen. Umgekehrt ist auch die Berufsvorbereitung innerhalb des beruflichen Gymnasiums allgemein anerkannt. Wenn jedoch das Ziel des Berufsvorbereitungsjahrs gleichzeitig im Erwerb eines Hauptschulabschlusses *und* im Zugang zum dualen System liegen kann, dann sind die Ergebnisse in Bezug auf beide Funktionen entmutigend: Die Mehrzahl der Jugendlichen erreicht weder den angestrebten Bildungsabschluss noch den Zugang zu einer Lehrstelle. Wolfgang Kehl kommentiert dies in Bezug auf die höheren Handelsschulen: „In unserer Gesellschaft ist es im Rahmen der Schule offensichtlich häufig nicht möglich, eine zweite Chance als Positivum zu vermitteln." (2004: 7).

Über die Beteiligung an dualer Ausbildung hinaus können berufliche Schulen selbst ausbilden – z.B. als staatliche Kompensationsmaßnahme für fehlende Ausbildungsplätze in Betrieben. Das Berufsbildungsgesetz in seiner revidierten Fassung von 2005 eröffnet beruflichen Schulen die Möglichkeit, der Ausbildung in anerkannten Ausbildungsberufen entsprechend auszubilden, wenn die jeweilige Landesregierung dies durch Rechtsverordnung zulässt (BbiG §43(2)). Wo beruflichen Schulen die formalen und ressourciellen Voraussetzungen für diese Option gewährt werden, entstehen dreijährige Berufsfachschulen, die zu einem Berufsabschluss entweder nach Berufsbildungsgesetz in Form einer externen Prüfung vor der zuständigen Stelle führen oder aber andere Ausbildungsgänge in sogenannten Schulberufen ermöglichen. Einen interessanten und mindestens partiell erfolgreichen Weg geht Berlin, wo Schülerinnen und Schüler mit einem Mittleren Bildungsabschluss in drei Jahren in einem doppeltqualifizierenden Bildungsgang einerseits zu staatlich geprüften Technischen Assistenten ausgebildet werden und andererseits die Fachhochschulreife erwerben.

Wenn die Ausbildungsfunktion des beruflichen Schulwesens ausgebaut werden soll, stehen auch Fragen der Zertifizierung und der Herstellung von Gleichwertigkeit schulisch vermittelter Ausbildung im Raum (z.B. Braun/Müller 2009; Feller 2004). Positive Signale gehen von Berufsfachschulen in Deutschland aus, die ihre Absolventinnen und Absolventen erfolgreich in den Arbeitsmarkt zu integrieren vermögen (Hall/Schade 2005). International wird Ausbildung ohnehin recht erfolgreich in technischen Sekundarschulen, teilweise mit Doppelqualifizierung im allgemeinbildenden Bereich, durchgeführt.

Schulisch geprägte Ausbildung wird vollständig vom Staat bzw. aus Steueraufkommen finanziert (denkbar ist hier auch eine besondere Besteuerung der Betriebe für Aus- und Weiterbildung). In Deutschland geschieht dies in erster Linie durch eine Länderfinanzierung, die freilich durch kommunale Anteile, aber auch durch Projektfinanzierungen des Bundes und der EU ergänzt werden kann. Die Steuerung und das Controlling schulisch organisierter Ausbildung liegen ebenfalls zunächst in Händen der Länder. Wenn Ausbildung nach dem Berufsbildungsgesetz stattfindet, kommt darüber hinaus die bundesweit gültige Ausbildungsordnung zum Tragen.

In den letzten Jahren entwickeln die Kommunen erhebliche Anstrengungen, ihren Einfluss auf Schulen auszuweiten. Gerade am Übergang zwischen Schule und

Beruf seien sie – so die Argumentation – am ehesten zu einer Bündelung unterschiedlicher Anstrengungen in der Lage. Nach Vorstellung z.b. der Weinheimer Initiative, die 70 Verantwortliche aus Kommunen, Praxis, Wissenschaft, Stiftungen und Wirtschaft unterzeichnet haben, sollen die Kommunen am Übergang Schule – Beruf eine steuernde Rolle einnehmen. Eine interkommunale Arbeitsgemeinschaft mit diesem Ziel wurde im Dezember 2007 aus den Stadtspitzen von Dortmund, Hoyerswerda, Kassel, Kreis Offenbach, Mannheim und Weinheim gegründet. Sie verfolgen die Vorstellung sog. lokaler Verantwortungsgemeinschaften, die

- Jugendliche mit schlechten Ausgangschancen schon in der Sekundarstufe I unterstützen,
- dafür sorgen, dass Jugendliche am Ende der Sekundarstufe II eine ihren Begabungen und Fähigkeiten entsprechende Ausbildungsperspektive erhalten,
- den Jugendlichen verdeutlichen, dass die Verpflichtung auf Gegenseitigkeit beruht und ein Engagement der Jugendlichen voraussetzt (Freudenberg Stiftung 2007: 3ff.).

Die Weinheimer Initiative fordert die dauerhafte Einrichtung kommunaler Koordination im Bildungsbereich, d.h. die Bündelung und Abstimmung von Aktivitäten, die zur Transparenz und Qualitätssicherung der Maßnahmen am Übergang zwischen Schule und Beruf beitragen. An dieser Aufgabe sollen sich Schulen, Agenturen für Arbeit, Betriebe, Kammern und Verbände in einer lokalen Verantwortungsgemeinschaft beteiligen (ebd.: 5ff.).

Berufliche Schulen, die dem kommunalen Anliegen folgen, Jugendliche in das Berufs- und Arbeitsleben zu integrieren, verstehen sich über ihre Bildungs- und Ausbildungsfunktion als wichtige Sozialisationsinstanz für Jugendliche am Tor zum Erwachsenenleben. Sie öffnen sich in die Kommune hinein und arbeiten z.T. auch als Stadtteil- und Jugendzentren. Sie kooperieren mit der kommunalen Jugendarbeit sowie der Erziehungshilfe, bieten soziale Unterstützung und (z.B. sprachliche) Integrationsmaßnahmen an. Sie arbeiten eng mit lokalen Organisationen und Vereinen, entlassenden bzw. aufnehmenden Schulen sowie der Agentur für Arbeit und Betrieben zusammen. Die Vision von beruflichen Schulen als aktiv ausbildender, sozialisierender und integrativer Instanz am Übergang zwischen Schule und Arbeitsmarkt hat ein klares, gesellschaftlich eminent wichtiges Ziel: Gemeinsam mit anderen gesellschaftlichen Akteuren der Kommune den Jugendlichen gangbare Optionen für eine konstruktive Teilhabe an Gesellschaft und Arbeitsmarkt anzubieten.

Die Vertretung schwacher Interessen erfolgt im Falle der schulischen Ausbildung advokatorisch: Der Staat, insbesondere die Länder, aber auch die Kommunen, machen sich das Interesse der Jugendlichen an einer Ausbildung zu eigen und bieten entsprechende Möglichkeiten an.

Erfahrungen sowohl aus Deutschland als auch aus anderen Ländern zeigen jedoch auch die Grenzen dieses Modells: Zu befürchten steht, dass ausbildende berufliche Schulen zu einer ‚second best option' für diejenigen werden, die den ‚Königsweg' von Abitur und Studium bzw. einer Ausbildung im dualen System nicht beschreiten konnten. Berufliche Schulen könnten dann, so befürchten Kritiker des Modells, zu einer sozialpädagogisch-motivierten Einrichtung werden, die aufgrund ihrer Strukturmerkmale zu einer wirklichen Kompensation von Problemen der Sozialisation und des Ausbildungsmarktes nicht in der Lage sind und daher kontinuierlich an ihren eigenen Ansprüchen zu scheitern drohen. Im Spannungsfeld generationaler, kultureller und sozialer Konflikte, konfrontiert mit der latenten Perspektivlosigkeit und Desorientierung der Jugendlichen und der Zurückhaltung ausbildender Betriebe, drohe der integrative Auftrag beruflicher Schulen dann ins Palliative abzurutschen.

Festzuhalten bleibt: Für ein Modell der beruflichen Schule als integrativer Gemeinschaftsschule innerhalb einer kommunalen Verantwortungsgemeinschaft spricht das gesellschaftliche Ziel, Jugendliche gemeinsam mit möglichst vielen lokalen Akteuren beim Übergang von der Schule in das Arbeitsleben zu unterstützen. Das Risiko des Modells liegt in seiner immanent mit angelegten Überforderung bei der Aufgabe, Bildungs- und Chancengerechtigkeit herstellen zu sollen, wo anderen gesellschaftlichen Akteuren dies nicht gelungen ist (zur ‚Lückenbüßer-Rolle' vgl. Dobischat/Bolder 2006).

Simulation von Marktbedingungen in Regionalen Kompetenzzentren

Aus dem Wunsch heraus, das Risiko der Überforderung von beruflichen Schulen zu vermeiden, ist in den vergangenen Jahren eine Gegenvision entstanden: die Vorstellung von der ökonomisch aktiven beruflichen Schule als regionaler Entwicklungsagentur. Über ihre herkömmlichen Aufgaben hinaus wird ein solches Regionales Kompetenzzentrum als Dienstleister in der Region tätig. Es bietet gegen Entgelt Aus- und Weiterbildung an, vermietet Räumlichkeiten, transferiert neue Technologien an kleine und mittlere Unternehmen, unterweist betriebliche Mitarbeiter in der Nutzung neuer Maschinen, wartet und repariert (evtl. im Rahmen von schulischen Projektarbeiten) Produktionsanlagen, führt Fehleranalysen durch oder verkauft Produkte, die in der Schule erstellt wurden – kurz: Es nutzt die an den Schulen vorhandenen personellen und sächlichen Ressourcen marktgerecht, um damit die regionale Entwicklung zu stützen und Mittel zu erwirtschaften, die dann wieder zur Personal- und Schulentwicklung eingesetzt werden können (vgl. z.b. Beirat der Berliner Senatsverwaltung für Arbeit 1999).

Dies wird möglich, wenn sich Schulen als eigenständige Entitäten auf Ausschreibungen bewerben (z.b. des Europäischen Sozialfonds, der Agentur für Arbeit oder Landesprogrammen) oder Ausbildungsvereinbarungen mit Betrieben abschließen. Der Staat bietet Ausbildung in diesem Modell nicht generell an, sondern bringt sie allenfalls mit Hilfe von Programmen, auf die sich Schulen bewerben können, projektförmig zur Ausschreibung. Die Finanzierung erfolgt – im Falle einer konsequenten Umsetzung des Marktprinzips – pro Schüler bzw. pro gewonnener Ausschreibung.

Controlling findet im Marktmodell vor allem outputorientiert statt. Zwar ist die Verwaltung von Schulen auch hier z.b. dem Rechnungshof oder den Steuerbehörden gegenüber rechenschaftspflichtig. Pädagogische Qualitätssicherung findet jedoch entlang selbst gesetzter Qualitätsziele und eventuell mit Hilfe einer alle paar Jahre stattfindenden staatlichen Inspektion statt.

Wer berufliche Schulen als Bildungsdienstleister konzipieren möchte, wird curriculare Schwerpunktsetzungen vor allem von der Marktlage abhängig machen. Werden Programme zur Ausbildung finanziert, offerieren Schulen entsprechende Angebote. Ergeben sich Optionen in der Berufsvorbereitung oder der Weiterbildung, reagieren sie darauf. Begrenzt wird dieser Wille zur Marktorientierung durch den staatlichen Auftrag zur Abdeckung eines ausreichenden Bildungsangebots. Doch auch dieser Auftrag lässt sich letztlich ressourciell steuern (z.b. durch schülerabhängige Ressourcenzuweisung), so dass die zugrundeliegende Marktlogik dadurch nur unwesentlich beeinträchtigt wird.

Diese Aktivitäten entfaltet – so das Konzept – die Schule nicht nur als einzelne Institution, sondern häufig innerhalb regionaler Netzwerke mit anderen Einrichtungen und Körperschaften. Die Kooperation etwa mit den Industrie- und Handels- bzw. den Handwerkskammern ist schon deshalb notwendig, weil eine Konkurrenz zu privaten Anbietern etwa in der Weiterbildung vermieden werden soll. Regionale Kompetenzzentren sollen subsidiär agieren und die Region mit Entwicklungspotenzialen unterstützen, die ohne sie nicht vorhanden wären.

Notwendig ist in diesem Modell eine gewisse rechtliche Unabhängigkeit der Schule. Nur so kann die Einzelschule Projekte einwerben, auf Ausschreibungen reagieren oder für eigene Bildungsangebote werben.

Die Vertretung ‚schwacher Interessen' erfolgt hier – wenn überhaupt – auf Ebene der Einzelschule. Wenn die Schule dies möchte und entsprechende Projektmittel bereitstehen, kann sie sich im Bereich der Berufsvorbereitung engagieren. Es kann aber auch sein, dass sie sich mittelfristig derjenigen Klientel zuwendet, bei der sich die Bereitstellung von Bildungsangeboten als lukrativer erweist. Das entsprechende Argument lautet dann, es sei sinnvoller Jugendliche mit der Herausforderung eines marktadäquaten Wettbewerbs um Ausbildungsplätze zu konfrontieren, als sie auf Staatskosten, qualitativ unzureichend und ohne reale Anschlusschancen an den Arbeitsmarkt auszubilden.

Berufliche Kompetenzzentren werden zu Partnern der Regionalentwicklung, unterstützen die Kompetenzentwicklung der Lehrkräfte durch regelmäßige Kontakte zur Wirtschaft und etablieren sich so als betriebliche Partner auf Augenhöhe – eine Position, die den Schülerinnen und Schülern letztlich zugute kommen kann. Gleichwohl birgt auch dieses Modell eine Reihe von Risiken: Richten berufliche Schulen ihr Augenmerk auf gewinnträchtige Marktsegmente und nutzen ihre (staatlich finanzierte) Position, um sich auf dem Bildungsmarkt als Dienstleister zu etablieren, dann kann dies zu Wettbewerbsverzerrungen führen. Unklar ist auch, wie mit potenzieller Misswirtschaft, ökonomischen Verlusten oder der Vernachlässigung pädagogisch-integrativer Aufgaben umgegangen würde bzw. auf welchem Wege dies zu verhindern wäre. Sollen Schulen ökonomisch und gewinnmaximierend aktiv werden? Wie ist dies mit dem staatlichen Bildungsauftrag, mit beamtenrechtlichen und wettbewerbsrechtlichen Vorgaben zu vereinbaren? Inwieweit ist es gerechtfertigt, Steuergelder für solche Aktivitäten zu nutzen? „Bildung ist keine Ware" (IG Metall et al. 2006) ist das Schlagwort, unter dem Gewerkschafter einer Indienstnahme der staatlich finanzierten Berufsbildung durch die Privatwirtschaft entgegen treten.

Fazit

Sowohl die Vorstellung von der beruflichen Schule als ‚eigentlicher' Gesamtschule der Nation mit dem vorrangigen Ziel, Jugendliche ins Arbeits- und Berufsleben zu integrieren (für die Zwecke dieses Aufsatzes habe ich dieses Leitbild kommunale Integrationsschule genannt), als auch die Idee der beruflichen Schulen als Regionalem Kompetenzzentrum, das als wettbewerbsorientierter Bildungsdienstleister Teil eines Netzwerkes des lebensbegleitenden Lernens bildet, entfalten bildungspolitisches Charisma. Entsprechend engagiert werden sie in den unterschiedlichen Bundesländern verfolgt: nacheinander, gleichzeitig und teilweise auch konkurrierend.

Ein weit verbreiteter Impuls besteht darin, ‚beides' haben zu wollen: Die Integration aller Jugendlichen *und* die Weiterbildung von beruflichen Eliten, die berufliche Grundbildung *und* die technologische Exzellenz, die Berufsorientierung *und* den Anschluss an die Fachhochschule oder die Universität. Best practice-Beispiele einiger erfolgreicher Schulen zeigen, dass dies insbesondere in großen Berufsschulzentren und insbesondere außerhalb großer Ballungszentren möglich ist. Die bislang übliche Praxis, die eher unscharf gehaltenen Visionen nebeneinander bestehen zu lassen, wird jedoch problematisch, wenn sich die endliche Arbeitszeit und -kraft der Lehrkräfte an den vielfältigen, nur teilweise kompatiblen Reformansprüchen bricht.

Beide Visionen schließen sich nicht aus, weisen aber Unterschiede in Bezug auf wichtige Aspekte der Berufsbildungspolitik auf:

Die ökonomische Selbstständigkeit und – damit verknüpft – die Rechtsfähigkeit von Schulen (z.B. als Anstalt des Öffentlichen Rechts) wird bislang vor allem unter dem Aspekt der Teilhabe am Weiterbildungsmarkt diskutiert. Dies ist für Regionale Kompetenzzentren eine unerlässliche Voraussetzung, um gewinnbringende Angebote machen und entsprechende Ressourcen vereinnahmen zu können. Für die staatliche Bereitstellung von Ausbildung ist Rechtsfähigkeit der Einzelschule allenfalls interessant, wenn es um die Teilnahme an Programmen der EU oder der Agentur für Arbeit geht.

Auch in Bezug auf Finanzierungsmodi unterscheiden sich die beiden Governanceoptionen: Während die staatliche Bereitstellung von Ausbildung umfangreiche finanzielle Investitionen voraussetzt, ‚verdienen' sich Schulen nach dem Marktmodell die Ressourcen für Ausstattung und Personaleinsatz im günstigen Falle selbst. Entsprechend dezentral können auch Evaluationen und Qualitätssicherungsmaßnahmen erfolgen. Im Falle staatlich bereitgestellter Ausbildungsangebote sind dagegen Schulen mit einer eher input-orientierten Schulaufsicht vermutlich angemessener versorgt.

Die Vertretung ‚schwacher Interessen' erfolgt bei Schulen, die auf die Inklusion aller Jugendlicher ausgerichtet sind, advokatorisch durch den Staat; beim marktorientierten Modell eines Regionalen Kompetenzzentrums ist sie auf ein Engagement von Einzelschulen und Akteuren angewiesen, das im konkreten Falle zum Gewinninteresse der Organisation im Widerspruch stehen kann.

Welches der vorgestellten Modelle den Interessen der marktbenachteiligten Jugendlichen am ehesten zu dienen vermag, muss empirisch weiter erforscht werden. Während in den vergangenen Jahren die Steuerung über Wettbewerb und die Simulation von Marktbedingungen im Bildungswesen weitgehend unbestritten als ultima ratio der Bildungspolitik galten, werden in letzter Zeit vor allem mit Blick auf Studien z.B. aus den USA kritische Stimmen laut (z.B. Bellmann/Weiß 2009). Aus meiner Sicht wird es in den kommenden Jahren darum gehen, empirische Evidenzen zu den entsprechenden Modellversuchen in Deutschland zu erlangen. Weder die unkritische Übernahme von Steuerungsmodellen, noch deren ebenso unkritische Ablehnung können zu sinnvollen Innovationen beitragen. Dies kann nur die Reflexion von Erfahrungen unter den sehr spezifischen Bedingungen der Berufsbildung in Deutschland.

Zu Anfang dieses Artikels habe ich darauf hingewiesen, dass berufliche Schulen nicht nur unter der prekären Situation auf dem Ausbildungsmarkt leiden, sondern Bildungsarmut unter den aktuellen Verhältnissen auch selbst mit produzieren. Reformen des beruflichen Schulwesens sollten stets unter der Prämisse stehen, dies zu verändern. Berufliche Schulen haben den gesellschaftlichen Auftrag, Jugendliche bei ihrer Suche nach beruflicher und gesellschaftlicher Teilhabe zu unterstützen. Welche konkrete Ausgestaltung Schulautonomie erfahren sollte, muss meiner Ansicht nach in Funktion dieses Auftrages diskutiert werden.

Literatur

Baethge, Martin/ Solga, Heike/ Wieck, Markus (2007): Berufsbildung im Umbruch. Signale eines überfälligen Aufbruchs. Berlin: Friedrich-Ebert-Stiftung

Beirat der Berliner Senatsverwaltung für Arbeit, Berufliche Bildung und Frauen (1999): Berliner Memorandum zur Modernisierung der beruflichen Bildung. Leitlinien für die Schaffung eines dualen, pluralen und modularen Systems des lebensbegleitenden Lernens. In: Berufsbildung CEDEFOP, 20, 23–31

Bellmann, Johannes/Weiß, Manfred (2009): Risiken und Nebenwirkungen Neuer Steuerung im Schulsystem. Theoretische Konzeptualisierung und Erklärungsmodelle. In: Zeitschrift für Pädagogik, 55. Jg, H. 2, 286–308

BMBF (2008): Berufsbildungsbericht 2008. Bonn

Braun, Frank/Müller, Matthias (2009): Strukturelle Veränderungen des Ausbildungssystems zur Verbesserung der Ausbildungschancen bildungsbenachteiligter Jugendlicher. In: W. Kruse, J. Strauß, F. Braun, M. Müller (Hrsg.): Rahmenbedingungen der Weiterentwicklung des Dualen Systems beruflicher Bildung. Düsseldorf (Arbeitspapier, 167), 37–50

Dobischat, Rolf/Bolder, Axel (2006): Die beruflichen Schulen der Zukunft. In: IG Metall, Verdi (Wissenschaftlicher Beraterkreis) (Hrsg.): Bildung ist keine Ware. Eine Streitschrift zur beruflichen Bildung. Frankfurt/M, 26–34

Ehrenthal, Bettina/Eberhard, Verena/Ulrich, Joachim Gerd (2005): BIBB-Expertenmonitor. Bonn.

Feller, Gisela (2004): Ausbildungen an Berufsfachschulen. Entwicklungen, Defizite und Chancen. In: Berufsbildung in Wissenschaft und Praxis (BWP), 4, 48–52

Freudenberg Stiftung (2007): Weinheimer Initiative 2007. Lokale Verantwortung für Bildung und Ausbildung. Eine öffentliche Erklärung. Weinheim

Hall, Anja/Schade, Hans-Joachim (2005): Welche Ausbildung schützt eher vor Erwerbslosig-
keit? Der erste Blick kann täuschen. Duale Berufsausbildung und Berufsfachschulen im
Vergleich. In: Berufsbildung in Wissenschaft und Praxis (BWP), 2, 23–27

IG Metall, Verdi (Wissenschaftlicher Beraterkreis) (Hrsg.) (2006): Bildung ist keine Ware.
Eine Streitschrift zur beruflichen Bildung. Frankfurt/M

Kehl, Wolfgang (2004): Zeitgemäße Definition des Bildungsauftrages der Höheren Handels-
schule. In: Bundesverband der Lehrerinnen und Lehrer an Wirtschaftsschulen e.V.
(Hrsg.): Qualifizierungsauftrag der kaufmännischen Vollzeitschulen. Dokumentation
des Workshops der Hochschultage Berufliche Bildung vom 10.-12. März 2004. Karls-
ruhe (Sonderschriftenreihe des VLW, 49), 6–10

Munoz, Vernor (2007): Report of the Special Rapporteur on the right to education. Mission
to Germany. 13-21 February 2006 (GE.07-11759 (E)).

Offe, Claus (1975): Berufsbildungsreform: eine Fallstudie über Reformpolitik. Frankfurt am
Main: Suhrkamp

Statistisches Bundesamt (2006): Datenreport 2006. Zahlen und Fakten über die Bundesrepublik Deutschland. Kapitel 5: Bildung

Neue Formen der Governance und ihre Folgen für die akademische Kultur und Identität

Barbara M. Kehm & Marek Fuchs

Governance-Forschung: Versuch einer Begriffsbestimmung

Ansätze und Fragestellungen

Die Hauptfragestellungen in der Governance-Forschung (vgl. hierzu und zum Folgenden Babyesiza/Kehm 2009) richten sich auf Entscheidungsstrukturen, -prozesse und -gegenstände. Gefragt wird zum Beispiel danach, wie Leitungs- und Verwaltungsstrukturen aussehen (in einer Hochschule, einer Schule, in einem Krankenhaus oder in der öffentlichen Verwaltung). Sind interne und externe Stakeholder in die Entscheidungsprozesse involviert? Wie variiert dies je nach Entscheidungsgegenständen? Welche staatlichen und privaten Ebenen greifen in welcher Weise in die Entscheidungsprozesse ein? Aus den Antworten auf solche und ähnliche Fragen wurde einerseits das Konzept der Multi-level- oder Mehrebenen-Governance abgeleitet, andererseits – und ganz in einem normativen Sinne gemeint – das Konzept der ‚good governance'. Dieses Konzept ist bisher noch recht vage geblieben. Es wurde von den Experten der Weltbank geprägt und bezieht sich auf Forderungen nach Effizienz und Rechtsstaatlichkeit in Schwellen- und Entwicklungsländern sowie in so genannten ‚failing states'. Es gibt aber keine einheitliche und breit akzeptierte Definition von ‚good governance'. Mit dem Begriff verbinden sich Vorstellungen von Transparenz, Effizienz, Partizipation, Verantwortlichkeit, Rechtsstaatlichkeit und Gerechtigkeit.

Wenn es also bei Governance um die Koordination verschiedener (privater wie staatlicher) Akteure in Entscheidungsstrukturen und -prozessen geht, dann müsste eigentlich zunächst festgestellt werden, wer als Akteur ausreichend Legitimität besitzt, über bestimmte (alle oder nur ausgewählte) Entscheidungsgegenstände in einer Hochschule, einer Schule etc. mitzubestimmen, kurz: wer legitimer Stakeholder ist. Danach fragt Governance aber nicht. Renate Mayntz (zitiert in Schuppert 2006: 54) vertritt die These, dass die Steuerungstheorie akteurszentriert ist, während die Governance-Theorie institutionalistisch argumentiert. Die Governance-Perspektive fragt also nach dem Wie der Steuerung, nicht aber danach, wer warum steuert, also wer die gesellschaftlichen Akteure sind und worauf sich ihr Einfluss gründet. Bei der Governance-Perspektive handelt es sich also nicht um eine herrschaftskritische Perspektive. Hierarchien und Machtgefälle jenseits des Staates bleiben verdeckt.

Forschungen entlang der Governance-Perspektive betrachten ausschließlich intendierte Regelungsprozesse mit Gemeinwohlorientierung, die der Lösung gesellschaftlicher Probleme dienen. Neben die Koordinationsmodi Hierarchie und Markt im Wirtschaftsprozess treten in der sozialwissenschaftlichen Perspektive Netzwerke und Gemeinschaften. In letzteren beruht die Koordinierung auf wechselseitiger Anpassung auf der Basis von Reputation und Kommunikation oder geteilten Werten. Die Koordinierung über Netzwerke hängt zudem wesentlich von der Stellung einzelner Akteure innerhalb des Feldes (Reputation) ab sowie von der Frage, ob das Netzwerk eher lose oder eher eng gekoppelt ist. Bei Netzwerken und Gemeinschaften sind außerdem die Zugangs- und Exit-Optionen von Bedeutung.

Die Erweiterung des Konzepts: Multi-level- oder Mehrebenen-Governance

Der Rückzug des Staates aus der Detailkontrolle vieler staatlicher Institutionen, insbesondere der Hochschulen, hat diesen zwar mehr institutionelle Autonomie beschert, doch ist diese Autonomie nicht bedingungslos gewährt worden. Statt Prozesskontrolle wurden Formen der Outputkontrolle (Ziel- und Leistungsvereinbarungen) etabliert, neue Formen des Berichtswesens und der öffentlichen Rechenschaftspflicht eingeführt, über Hochschulräte werden externe Stakeholder an strategischen Entscheidungsprozessen beteiligt, ein stärkerer Wettbewerb durch Rankings und die Exzellenzinitiative ausgelöst. Entsprechend haben sich die Koordinierungsmodi und Akteurskonstellationen geändert, auf denen Entscheidungsprozesse beruhen. Diese Verschiebungen in den Koordinierungsmodi werden von der Governance-Forschung mit dem Konzept der Multi-level- oder Mehrebenen-Governance beschrieben: Mit ‚Moving up', ‚moving down' und ‚moving to the side' werden dabei die wichtigsten Phänomene bezeichnet.

‚Moving up' bezeichnet die Verschiebung des Agenda Setting und der Formulierung von Policies auf die supra-nationale Ebene. Der gestiegene Einfluss der europäischen Kommission auf die nationale Hochschul- und Forschungspolitik der EU-Mitgliedstaaten oder der Einfluss international vergleichender Schulleistungstests (PISA, TIMSS, IGLU) der OECD auf die deutsche Schulpolitik sind Beispiele für dieses ‚moving up'. ‚Moving down' bezeichnet im Wesentlichen die Dezentralisierung von Entscheidungsprozessen, -strukturen und -gegenständen an die Hochschulen selbst und innerhalb der Hochschulen an die Fachbereiche. Und ‚moving to the side', die laterale Verschiebung also, bezeichnet die Delegation von Steuerungs-

bzw. Entscheidungsmacht an (unabhängige) Agenturen, die meist auch Standard setzend wirken. Bestes Beispiel dafür sind in Deutschland die Akkreditierungsagenturen.

Mit der Mehrebenen-Governance hat sich das Konzept der Governance erweitert und kann Phänomene der Internationalisierung und Globalisierung mit berücksichtigen. Im Folgenden soll darauf eingegangen werden, wie das Governance-Konzept in der Hochschulforschung verwendet wird.

Das Governance-Konzept in der Hochschulforschung

Theoretische Perspektiven

Governance ist ein organisationsbezogener, also institutionalistischer Ansatz, mit dessen Hilfe Policy-Akteure versuchen, das Verhalten individueller Hochschuleinrichtungen zu beeinflussen, um bestimmte politische Ziele zu erreichen. Bei der Forschung über Governance stehen drei Aspekte im Vordergrund: (a) die staatlichen und nicht-staatlichen Akteure, die in diese Veränderungsprozesse involviert sind; (b) die Strukturen, innerhalb derer die Veränderungen stattfinden sollen (z.B. Hierarchien oder Netzwerke); und (c) die Instrumente, mit denen die Veränderungen erzielt werden sollen (z.B. bürokratische Regelungen, institutionelle Autonomieaspekte, Anreize, Wettbewerb). Gefragt wird danach, wie die traditionellen Entscheidungsprozesse und -strukturen der Kollegialorgane der Hochschulen in Richtung management-orientierter Entscheidungsstrukturen und -prozesse verändert werden.

Bei der Analyse kommen typischerweise drei unterschiedliche Vorstellungen darüber zum Tragen, wie Hochschulen auf externe Herausforderungen reagieren und sich an Veränderungsprozesse ihrer Umwelt anpassen (vgl. dazu Bleiklie et al. 2009).

a. Aus einer *universalistischen Sicht* werden Hochschulen als besondere Organisationen betrachtet, die durch einen hohen Grad an Autonomie im Verhältnis zum Staat sowie eine lockere Kopplung ihrer inneren Teile oder Elemente gekennzeichnet sind. Beides wird benötigt, um qualitativ hochwertige Bildung und Forschung zu erbringen. Die damit verbundene *Vorstellung* ist, dass Institutionen, die diese Eigenschaften verlieren, auch ihre Fähigkeit verlieren, qualitativ hochwertige Forschung und Lehre zu erbringen. Daraus wird die *normative Forderung* abgeleitet, dass die Hochschulen und ihre Stakeholder diese Eigenschaften verteidigen sollten, um die Hochschulen als autonome Orte der freien, kritischen und hochwertigen Forschung und des forschungsbasierten Lehrens und Lernens zu schützen. Tendenziell ist dies eine Sicht auf die Organisation Hochschule, die von Teilen der zuständigen Gewerkschaften vertreten wird.

b. Aus einer *instrumentalistischen Sicht* werden Hochschulen wie alle anderen Arten von Organisationen betrachtet. Sie entwickeln sich derzeit von der Institution zur Organisation (vgl. Pellert 1999), d.h. mit engerer interner Kopplung, gestärkter Führung, geteilten Zielen und Managementstrukturen, die in der Lage sind, die Ziele zu implementieren; eine Entwicklung also, die für die Modernisierung der Hochschulen in der Wissensgesellschaft als notwendig erachtet wird. Diese Sichtweise ist die Grundlage für folgende Vorstellung: Wenn eine Organisation durch ihre Umwelt mit Erwartungen in Bezug auf Output-Effizienz, Führungsstärke und Rechenschaftspflicht konfrontiert ist, dann ist es wahrscheinlich, dass sie als Organisation erfolgreich ist, wenn sie Policies implementiert, die die Wahrscheinlichkeit der Zielerreichung erhöhen. Daraus ergibt sich als *normative Vorstellung*, dass individuelle Institutionen und ihre Stakeholder Reformbemühungen an die Erwartungen ihrer Umwelt bezüglich der organisationalen Performanz anpassen sollten. Tendenziell ist das die Sicht auf die Organisation Hochschule, die von Ökonomen und Managern vertreten wird.

c. Aus der *institutionalistischen Sicht* werden Hochschulen als Institutionen verstanden, deren organisationale Eigenschaften im Hinblick auf die Werte und normativen Erwartungen verstanden werden müssen, die im institutionellen Umfeld dominieren. Die Kriterien, nach denen Hochschulen bewertet oder evaluiert werden, können sich im Laufe der Zeit beträchtlich verändern. Es ist aber wichtig, dass Veränderungen keine Brüche produzieren, die die Legitimität der und das Vertrauen in die Hochschulen unterminieren. Die institutionalistische Sichtweise unterscheidet sich von den beiden zuvor genannten Positionen durch ihre Betonung der Prozesse, der Werthaltungen der Akteure, die in die Prozesse involviert sind, sowie durch ihre Weigerung, eine spezielle Sicht auf den Charakter von Hochschulen als Organisationen zu propagieren. Die damit verbundene *empirische Vorstellung* ist, dass der Erfolg spezieller organisationaler Formen nicht von den Formen als solchen abhängt, sondern vielmehr von ihrer erfolgreichen Institutionalisierung (d.h. Implementation). Und nur solche Formen sind erfolgreich, die von den Mitgliedern und den Stakeholdern der Organisation für angemessen gehalten werden, die Normen und Werte der Hochschule zu repräsentieren und zu erhalten. Daraus ergibt sich als *normative*

Vorstellung, dass Reformen die Symmetrie zwischen Veränderungsvorschlägen und vorhandenen Normen und Werten der Institution und ihrer entsprechenden Organisation betonen sollten. Tendenziell ist das die Sicht auf die Hochschule als Organisation, die von vielen Soziologen und Hochschulforschern vertreten wird.

Praktische Perspektiven

Die Stärke des Governance-Konzepts oder der Governance-Theorie zeigt sich im Analysepotenzial für bestimmte Phänomene oder Fragestellungen, von denen hier beispielhaft eine kleine Auswahl aufgeführt werden soll:

- Wie stark ist der Einfluss supranationaler Organisationen auf die Setzung von Bildungsstandards, auf Kriterien zur Leistungsmessung und Evaluation oder auf Aspekte der nationalen Bildungs-, Hochschul- und Forschungspolitik?
- Wie wird das Verhältnis von Hochschule, Staat und Gesellschaft gestaltet und welche potenziellen Konflikte treten dabei auf?
- Was sind angemessene Leitungsstrukturen innerhalb der Hochschulen und wie sollten Entscheidungsprozesse organisiert sein?
- Welche Formen der Interaktion zwischen Hochschulleitung, Hochschulrat und Senat erweisen sich als günstig, um Reibungsverluste zu vermeiden und zugleich Legitimität herzustellen?
- Welcher Mix aus den fünf wichtigsten Governance-Dimensionen (staatliche Regulierung, akademische Selbstverwaltung, Außensteuerung, managementorientierte Führung und Wettbewerb) (vgl. Braun/Merrien 1999) hat sich in einzelnen Ländern ergeben, also welches Governance-Regime ist vorherrschend, und welche Reform- bzw. Modernisierungsziele können mit einem bestimmten Governance-Regime am besten erreicht werden?

Empirisch konnte für Deutschland nachgewiesen werden (vgl. Kehm/Lanzendorf 2006; Jansen 2007), dass in den Reformprozessen der letzten Jahre zwei der genannten Dimensionen (nämlich staatliche Regulierung und akademische Selbstverwaltung) geschwächt wurden, während die anderen drei eine Stärkung erfahren haben. Allerdings ist Deutschland im internationalen (europäischen) Vergleich eher ein Nachzügler, was Governance-Reformen anbetrifft, da die Reformen hier deutlich später als etwa in Großbritannien und den Niederlanden begannen und bisher auch weniger umfangreich implementiert sind (vgl. Kehm/Lanzendorf 2006).

Governance und schwache Interessen an Hochschulen

In der auf Governance-Perspektiven bezogenen Forschung über Hochschulen wird in der Regel zwischen externer und interner Governance unterschieden, wobei die externe Governance die Neugestaltung des Verhältnisses zwischen Hochschule, Staat und Gesellschaft bezeichnet und die interne Governance die Veränderung des Macht- und Entscheidungsgefüges innerhalb der Hochschulen.

Die folgenden Ausführungen wollen sowohl externe als auch interne Governance-Reformen in den Blick nehmen, indem die These einer Schwächung der Interessen der Forschenden und Lehrenden durch eine genauere Betrachtung der Veränderungen von drei der fünf zuvor genannten Governance-Dimensionen belegt wird: Veränderungen in der Außensteuerung, in der akademischen Selbstorganisation und in der hierarchischen (d.h. management-orientierten) Selbststeuerung.

Außensteuerung

Unter der für die deutschen Hochschulen weitgehend neuen Governance-Dimension der Außensteuerung wird die Einflussnahme auf Hochschulaktivitäten mittels der Definition von Zielvorgaben verstanden (vgl. hierzu und zum Folgenden Kehm/Lanzendorf 2005). Diese Zielvorgaben handeln die Hochschulen mit dem Staat aus oder entwickeln sie unter Beratung von Vertretern von an der Hochschulentwicklung interessierten Gruppen, an die der Staat Steuerungseinfluss delegiert hat (z.B. Hochschulräte). Die Wege, um die vereinbarten Zielvorgaben zu erreichen, können von den Hochschulen dann selber gewählt werden.

Die Außensteuerung manifestiert sich in erster Linie in der Einführung von Globalhaushalten und dem daran gekoppelten Abschluss von Zielvereinbarungen zwischen den Hochschulen und den zuständigen Landesministerien. Globalhaushalte ermöglichen es den Hochschulen im Unterschied zu den traditionellen kameralistischen Budgets, Mittel zwischen verschiedenen Haushaltspositionen zu verschieben und ungenutzte Mittel in nachfolgende Haushaltsjahre zu übertragen. Auf diese Weise können beispielsweise Mittel für Projekte von besonderem Interesse für die Hochschulen gepoolt oder Bonuszahlungen an besonders engagierte Mitarbeiter geleistet werden (vgl. z.B. Ziegele 2002).

Im Gegenzug zu der Umstellung ihrer Budgets auf Globalhaushalte müssen die Hochschulen sich mit den zuständigen Ministerien auf mehrjährige Entwicklungsziele einigen, die in Zielvereinbarungen festgeschrieben werden. Aus staatlicher Perspektive kann die Finanzautonomie der Hochschulen nicht vergrößert werden, ohne dass begleitend neue Mechanismen der Rechenschaftslegung und Ergebniskontrolle zur Anwendung kommen. Einige Bundesländer schließen mit jeder einzelnen ihrer Hochschulen Zielvereinbarungen ab. Andere Bundesländer integrieren Zielvereinbarungen in Hochschulverträge über Haushalts- und Personalangelegenheiten, die zu einem bestimmten Zeitpunkt mit allen Hochschulen in weitgehend identischer Form abgeschlossen werden (vgl. König/Schmidt/Kley 2003).

Die bisher abgeschlossenen Zielvereinbarungen beziehen sich in erster Linie auf folgende Aspekte:

- das Profil, das eine Hochschule mittels einer Konzentration ihrer Aktivitäten herausbilden soll,
- die qualitative Verbesserung von Forschung und Lehre,
- die Förderung von Nachwuchswissenschaftlern,
- Internationalisierung und
- Entwicklungsziele für bestehende und neue Studienangebote (vgl. Burkhardt/ Scheuring 2003).

Bislang stehen allerdings die weiterhin bestehenden staatlichen Vorgaben einer wirklichen prozeduralen Gestaltungsautonomie der Hochschulen entgegen. Ziegele (2002) weist darauf hin, dass die Hochschulen – vor allem aufgrund der Bindung von ungefähr 80 Prozent der Hochschulhaushalte durch öffentliche Besoldungsvorschriften – trotz Globalbudgets in der Praxis oftmals nur über weniger als zehn Prozent ihrer Haushaltmittel wirklich frei entscheiden können.

Außer durch Zielvereinbarungen erfolgt eine Außensteuerung der Hochschulen neuerdings auch über Hochschulräte (vgl. hierzu Ziegele 2004; Müller-Bromley 2004; Mayntz 2002; Hochschulrektorenkonferenz 2000). Immer mehr Länder ersetzen bisherige Hochschulkuratorien durch Hochschulräte. Auch wenn die Verwendung der Begriffe ‚Kuratorium' und ‚Hochschulrat' in der Praxis nicht immer trennscharf erfolgt, so werden als Kuratorien vornehmlich solche Gremien bezeichnet, die eine Verbindung hochschulischer Aktivitäten zum regionalen und überregionalen Umfeld der Hochschulen gewährleisten sollen. Im Rahmen von Kuratorien werden Vertreter interessierter gesellschaftlicher Gruppen über die Aktivitäten der Hochschulen informiert, können ihre Erwartungen und Fragen an die Hochschule artikulieren, und es werden gegebenenfalls gemeinsame Projekte initiiert. Einem Kuratorium gehören in der Regel neben externen Vertretern gesellschaftlicher Gruppen (vor allem der Wirtschaft, der Gewerkschaften, der Kirchen und der Medien) auch Vertreter der Hochschule selber an. Kuratorien haben eine lediglich beratende Funktion für die Hochschulen.

Demgegenüber besteht die Aufgabe von häufig ausschließlich extern besetzten Hochschulräten in erster Linie darin, sich mit Fragen der hochschulischen Organisation und Entwicklung zu befassen. Als Gremien hochschulischer Außensteuerung sollen sie hochrangige externe Persönlichkeiten in die Diskussion über Grundsatzfragen der Hochschulentwicklung einbinden. Hochschulräte übernehmen idealerweise einzelne Aufgabenfelder, für die bisher das Ministerium oder die Hochschulleitung zuständig waren. Hochschulräte sollen dazu beitragen, dass die Hochschulleitung professionell ausgeübt wird, sowie an der Definition eines institutionellen Profils und einer aus dem Profil abgeleiteten Entwicklungsstrategie mitwirken. In dieser Rolle repräsentieren sie das öffentliche Interesse im Machtvakuum zwischen einem geschwächten Staat und den nur bis zu einem gewissen Punkt autonomen Hochschulen. Hochschulräte sollen außerdem dazu beitragen, die Unabhängigkeit der Hochschulleitung sowohl von der staatlichen Administration als auch von hochschulischen Gremien sicherzustellen.

In der Praxis haben die Länder den Hochschulräten allerdings nur begrenzte Befugnisse zugewiesen. Im Wesentlichen können sie die Hochschulleitung nur beraten, indem sie Stellungnahmen zu Vorlagen des Hochschulpräsidiums abgeben und dessen Vorschlägen zu Verfahrensweisen in Bezug auf wichtige Fragen der Hochschulentwicklung ihre Zustimmung erteilen. Nur in ganz wenigen Ländern können Hochschulräte in Bezug auf die Hochschulentwicklung selber initiativ werden und eigene Vorschläge in die Diskussion einbringen. Stellungnahmen der Hochschulräte können allerdings in der Regel von den Hochschulleitungen auch nicht ohne besondere Begründung übergangen werden.

Über die vergleichsweise größte Einflussmöglichkeit auf die Hochschulentwicklung verfügen die Räte derjenigen Hochschulen, die die Rechtsform einer Stiftung angenommen haben. Diese Räte entscheiden über die Verwendung des Stiftungsvermögens. Die Aktivitäten der übrigen Hochschulräte konzentrieren sich im Wesentlichen auf folgende strategische Bereiche (Reihenfolge nach Häufigkeit der Nennung in den entsprechenden Abschnitten der Ländergesetze):

- Entwicklungs- und Ausstattungspläne der Hochschule,
- die hochschulische Profilbildung,
- allgemeine Haushaltsfragen,
- Grundsatzentscheidungen in Bezug auf die Hochschulorganisation,
- die Notwendigkeit und die Gestaltung von Evaluationsprozessen,
- Zielvereinbarungen mit dem Staat,
- Richtlinien für die Ausstattung der Hochschule,
- das Angebot von Studienprogrammen,
- allgemeine Fragen mit Bedeutung für die Hochschulentwicklung.

In einigen Bundesländern sind die Hochschulräte an der Wahl der Hochschulleitungen beteiligt. Ersten Erfahrungsberichten zufolge[1] ist davon auszugehen, dass die Hochschulräte ihre begrenzten, gesetzlich verbrieften Wirkungsspielräume noch nicht voll ausschöpfen. Aufsehen erregte vor einiger Zeit der Rücktritt des Hochschulrats einer traditionsreichen Forschungsuniversität (der Philipps-Universität Marburg), dessen Mitglieder keinerlei Möglichkeit sahen, Einfluss auf die Entwicklung der Universität zu nehmen (vgl. Frankfurter Rundschau 2003).

Insgesamt entsteht der Eindruck, dass Hochschulräte in der Form, in der sie in den letzten Jahren eingeführt wurden, nicht notwendigerweise in der Lage sind, organisatorische Veränderungen an den Hochschulen herbeizuführen. Sie können lediglich vom Hochschulpräsidium definierte Strategien leicht modifizieren und die Verfahren der Umsetzung von beschlossenen Reformen beeinflussen. Im Idealfall geben sie der Hochschulleitung wohlmeinende Ratschläge und vertreten die Interessen der Hochschule gegenüber dem zuständigen Ministerium. Auch die weitgehend durch gesetzliche Vorschriften bedingte strukturelle Inflexibilität der Hochschulen beschneidet den potentiellen Gestaltungsspielraum von Hochschulräten. Mayntz (2002) weist allerdings darauf hin, dass Hochschulräte durchaus dazu beitragen, die Hochschulen zu korporativen Akteuren zu entwickeln. Nach Mayntz leisten sie damit einen Beitrag zur Entwicklung der institutionellen Autonomie von Hochschulen.

Im Ergebnis ist die Außensteuerung der Hochschulen deutlich ausgeweitet worden. Die Länder bleiben jedoch vorsichtig und behalten sich einen gewissen Grad der Einflussnahme auf Prioritäten der Entwicklung ihrer Hochschulen vor. Die Außensteuerung kann aber nur begrenzt wirksam werden, solange weiterhin entscheidende Aspekte hochschulischer Organisation staatlichen Vorgaben unterliegen. Dauerverträge, detaillierte Besoldungsvorschriften und staatliche Genehmigungsvorbehalte machen die innerhochschulische Organisation noch zu unflexibel, um auf Impulse aus der Außensteuerung reagieren zu können.

---

[1] Beispielsweise befassten sich die Beiträge auf dem 1. Osnabrücker Kolloquium zum Hochschul- und Wissenschaftsmanagement an der Fachhochschule Osnabrück am 10. März 2004 mit dem Thema „Was leisten Hochschulräte?"

Akademische Selbstorganisation

Die Governance-Dimension der akademischen Selbstorganisation bezieht sich auf die Handlungskoordination innerhalb der akademischen Gemeinschaft. Für sie charakteristisch ist eine hohe Konsensorientierung, die auf einem starken Egalitarismus beruht, innerhalb dessen lediglich Reputationsunterschiede eine Rolle spielen. Hochschulorganisatorisch manifestiert sich die akademische Selbstorganisation in der Form kollegialer Entscheidungsgremien (‚Gruppenuniversität').

Traditionell spielte in der Regelungsstruktur des deutschen Hochschulsystems neben der Detailregulierung seitens des Staates die akademische Selbstorganisation eine zentrale Rolle. Starke Gremien und eher schwache Leitungsstrukturen bildeten eine bedeutsame Einheit für die intra-institutionellen Entscheidungsstrukturen. Alle akademischen Angelegenheiten wurden durch Entscheidungen hochschulischer Selbstverwaltungsgremien geregelt. Hinzu kam eine hohe Autonomie der einzelnen Professoren.

Die an Verfahren des New Public Management orientierten Hochschulreformen der letzten Jahre wollen nun in der Regel diejenigen Akteure innerhalb der Hochschule stärken (insbesondere die Hochschulleitung und die Dekane), die im traditionellen Selbstverwaltungsmodell eher schwachen Einfluss hatten. Mit dem neuen, an eher managerialistischen Ansätzen orientierten Governance-Regime wird die akademische Selbstorganisation (insbesondere die Funktion der Senate oder Konzile) tendenziell geschwächt. Nicht nur dadurch, dass die Außensteuerung zunimmt und der Hochschule größere Rechenschaftspflichten gegenüber externen Interessengruppen auferlegt werden, sondern auch dadurch, dass die Leitungsebenen (Präsidium/Rektorat und Dekanat) gestärkt werden. Darüber hinaus werden die vorrangig auf Interessenausgleich, Verteilungsgerechtigkeit und inneruniversitären „Nichtangriffspakten" (Schimank 2001: 233) beruhenden Entscheidungsmechanismen der Gruppenuniversität bei vermehrter Außensteuerung und wachsendem Konkurrenzdruck disfunktional.

Dennoch wirken die alten Traditionen weiterhin fort, und die Dekane und Präsidenten bzw. Rektoren agieren eher im Sinne eines Interessenausgleichs (vgl. auch Braun 2001). In Norwegen und Schweden wird derzeit der Versuch unternommen, die Position dieser Akteure zu stärken, indem sie zukünftig ernannt statt gewählt werden. Im Vergleich dazu kann man in Deutschland von der Kontinuität eines Nullsummenspiels ausgehen. Dies hängt nicht zuletzt damit zusammen, dass Hochschulrektoren häufig, Dekane so gut wie immer nach ihrer Amtszeit ins Glied der Professorenschaft zurücktreten und dann wieder Teil des Kollegiums sind.

Bisher gibt es in Deutschland wenig Ansätze zu einer Professionalisierung und Verberuflichung gerade dieser Leitungspositionen.

Hierarchische Selbststeuerung

Die hierarchische Selbstorganisation an Hochschulen konkretisiert sich in der Existenz formaler, hierarchischer Organisationsstrukturen, an deren Spitze ein persönlich verantwortlicher Leiter steht. Diesem Leiter sind weitere Führungsebenen unterstellt. Die Leitungspersonen können entweder über spezifische Regelungen oder auch über Zielvorgaben auf ihre Mitarbeiter einwirken. Letztere Form der hierarchischen Selbststeuerung ist eines der zentralen Elemente zur Reform intra-institutioneller Entscheidungsstrukturen an Hochschulen. Gemeinsam mit vermehrter Außensteuerung und Wettbewerbs- bzw. Konkurrenzintensivierung bildet es den Gegenpol zum traditionellen Governance-Regime der akademischen Selbststeuerung im Rahmen der Gruppenuniversität unter den Bedingungen hoher Autonomie der einzelnen Professoren und starker staatlicher Regulierung. Für die Entscheidungsprozesse an Hochschulen wird auch von einem Übergang vom Selbstverwaltungsmodell zum Management-Modell gesprochen.

Das Instrument der hierarchischen, an Modellen des New Public Management orientierten Governance von Hochschulen soll das durch staatliche Deregulierung und Beschneidung des Einflusses akademischer Selbstverwaltungsgremien potenziell entstehende Machtvakuum füllen. Zwei Folgen dieses Trends sind absehbar:

Erstens wird eine Professionalisierung der Hochschulleitungen erforderlich. Ein aus den Reihen der Professorinnen und Professoren für wenige Jahre gewählter Rektor, wie es vielfach bisher an deutschen Hochschulen üblich gewesen ist, wird kaum in der Lage sein, strategische Managementfunktionen für den korporativen Akteur Hochschule auszufüllen, es sei denn, es handelt sich um ein ‚Naturtalent'. Darüber hinaus bedarf die strategische Entwicklung und Positionierung einer Hochschule eines längeren Atems, als er mit den üblichen Amtszeiten möglich ist. Nicht nur ein Übergang von der Wahl zur Ernennung – wie am Beispiel Schwedens und Norwegens erwähnt – durch Hochschulräte oder Kuratorien, sondern auch die Veränderung des (Ehren-) Amtes hin zu einer eigenständigen Berufskarriere darf in diesem Zusammenhang erwartet werden. Ob sich dieser Trend auch für das Amt des Dekans durchsetzen wird, kann zur Zeit noch nicht beurteilt werden. Auf der Fakultäts- bzw. Fachbereichsebene werden derzeit andere Formen der Professionalisierung sichtbar: auf Dauer eingestellte Dekanatsassistenten oder Fachbereichsentwickler, die in enger Zusammenarbeit mit dem jeweiligen Dekan oder der Dekanin beratend und entscheidungsvorbereitend wirken (vgl. hierzu auch die Ergebnisse des von der Volkswagen-Stiftung geförderten Projekts ‚Leistungsfähigkeit durch Eigenverantwortung' z.B. bei Lüthje 2000).

Zweitens bilden sich neue hochschulnahe Professionen und Agenturen in der Hochschule und im Umfeld der Hochschulen heraus. In den deutschen Hochschulen selbst sind hier insbesondere Technologietransferstellen, Marketing und Alumnipflege, Beratung im Rahmen von Career Services und die Professionalisierung der Akademischen Auslandsämter zu International Offices zu nennen. Auch der Aufbau von Management-Informationssystemen zählt dazu. Externe Agenturen lassen sich in Deutschland vorrangig im Feld der Akkreditierung und Evaluation finden. Ein bedeutsamer Teil dieser neuen Funktionen und Professionen dient sowohl der besseren strategischen Verortung der Hochschulen in ihrem regionalen, nationalen und auch internationalen Umfeld als auch der erhöhten Rechenschaftspflichtigkeit gegenüber der Öffentlichkeit.

Es kann also davon ausgegangen werden, dass kein Präsidium oder Rektorat (und auch kein Dekanat) hierarchische Autoritätsverhältnisse herstellen und von oben nach unten durchregieren wird. Zu stark ist dafür noch die traditionelle Vorstellung der Universität als einer Gemeinschaft der Lehrenden, Forschenden und Lernenden. Konkrete Governance-Regime an Hochschulen werden eher mit der Orientierung an Netzwerken und Gemeinschaften etabliert, innerhalb derer sich die Akteure auf der Grundlage von Reputation, Kommunikation und geteilten Werten miteinander verständigen. Das schließt Wettbewerb und stärker hierarchische Strukturen nicht aus, letztere können aber zum Teil abgemildert werden, insbesondere dann, wenn es angesichts größerer Sparzwänge zu einer Art ‚Notgemeinschaft' kommt. Erwartet wird dabei von den einzelnen Forschenden und Lehrenden, dass sie sich aktiver mit ihrer Institution identifizieren und etwas für den Reputationserhalt oder -gewinn der Organisation beitragen.

Dies soll im Folgenden am Beispiel der Wahrnehmung neuer Governance-Formen und ihrer Auswirkungen auf die Forschung im Fach Mittelalterliche Geschichte verdeutlicht werden.

Auswirkungen neuer Governance auf die Forschung: Das Beispiel Mittelalterliche Geschichte

Im Rahmen einer DFG-geförderten Forschergruppe wurden seit 2003 die traditionellen Modi von Hochschul-Governance mit den neuen, am New Public Management orientierten Governance-Modi verglichen und nach den Auswirkungen auf die Forschung gefragt. Das Untersuchungssample bezog sich auf Forschende in zwei

Fächern (Mittelalterliche Geschichte und Rote Biotechnologie) und vier Ländern (Deutschland, England, Niederlande und Österreich) (vgl. dazu Kehm/Lanzendorf 2006; Jansen 2007; Leisyte 2007). Im Folgenden werden die Ergebnisse im Hinblick auf die Mittelalter-Historiker zusammengefasst (vgl. Kehm/Leisyte 2009).

Die Mittelalter-Historiker wurden zunächst über ihre Wahrnehmung der institutionellen Bedingungen befragt. Dabei wurde als wichtigste Veränderung die interne Mittelallokation auf der Grundlage von Ziel- und Leistungsvereinbarungen genannt, in deren Rahmen der Indikator ,eingeworbene Drittmittel' von hoher Bedeutung ist. Die Forschenden verspüren einen wachsenden Druck, möglichst viele Forschungsanträge zu schreiben und Drittmittel zu akquirieren. In beiden Fällen hatten die Universitäten an der Exzellenzinitiative teilgenommen, was zu einer sehr eingehenden Analyse des Präsidiums oder Rektorats führte, welche Bereiche das Potential hätten, als Gewinner aus diesem Wettbewerb hervorzutreten.

Zwar kann die leistungsorientierte Mittelallokation Anreize bieten, sie verstärkt aber auch den internen Wettbewerb um Ressourcen. In der Regel formuliert das Präsidium oder Rektorat gegenüber den Fachbereichen seine Erwartungen hinsichtlich der Höhe des Drittmittelaufkommens, realistische Ziele werden dann aber gemeinsam verhandelt. Verhandlungen über die Mittelverteilung basieren zunehmend auf meist quantitativen Indikatoren und jeder Fachbereich, jede Fakultät muss periodisch einen Strukturentwicklungsplan vorlegen, für den in der Regel Vorgaben (z.B. in Form von Stelleneinsparungen) gemacht werden. Bisweilen wurden kleinere Institute oder Fachbereiche zu größeren Einheiten zusammengelegt, nicht zuletzt, um die Forschung in stärker interdisziplinären Teams zu stärken und die Netzwerkbildung zu fördern. Im Zuge der Teilnahme an der Exzellenzinitiative erfolgten seitens des Rektorats oder Präsidiums Versuche, Forschungsschwerpunkte zu etablieren, um ein deutlicheres Profil der Institution insgesamt zu erzielen. Zum Teil wurden vorhandene Stärken in Forschungszentren außerhalb der Fakultäts- oder Fachbereichsstruktur konzentriert und mit zusätzlichen Mitteln der Hochschule systematisch gefördert. Eine typische Haltung der Forschenden gegenüber diesen neuen Steuerungsinstrumenten und -formen ist, das Spiel mitzuspielen, aber darauf zu achten, dass es den Einzelnen nicht korrumpiert. Werden einzelne Elemente oder Instrumente abgelehnt, versucht man, sie zu unterlaufen, zugleich aber auch ein gewisses Maß an Loyalität zu zeigen.

Ein wichtiger Gegenstand der Untersuchung war die Frage, ob sich angesichts dieser neuen Steuerungsformen die Forschungspraxis verändert und wie die Forschenden ggf. darauf reagieren. Diese Fragestellung wurde operationalisiert, indem nach Veränderungen in den Forschungsfragen, dem Verhältnis zwischen Mainstreamforschung und unorthodoxen Forschungsansätzen, den Publikationspräferenzen und dem Zusammenhang von Forschung und Lehre gefragt wurde.

Eine Reihe der Befragten gab an, dass sich aufgrund der zunehmenden Etablierung von Netzwerken, Kooperationen und der Internationalisierung der Forschungsarbeit die Forschung im Bereich der Mittelalterlichen Geschichte stark verändert hat. Obgleich die Forschenden weiterhin über die Themen und Fragestellungen ihrer Forschung entscheiden, ist es wichtig geworden, sich in kooperativen Projekten zu engagieren. Zugleich wird beobachtet, dass interdisziplinär zusammengesetzte Forscherteams erfolgreicher bei der Einwerbung von Drittmitteln sind. Die Mittelalter-Historiker beobachteten außerdem einen zunehmenden Trend in Richtung einer Popularisierung ihrer Forschungsergebnisse für ein größeres, zumeist nicht-akademisches Publikum. Deshalb werden zum Teil Forschungsthemen so gewählt und formuliert, dass ihre Relevanz und ihr Potenzial für eine nichtwissenschaftliche Nutzung der Ergebnisse deutlicher werden. Größere Forschungsanträge müssen häufiger von der Universitätsleitung genehmigt werden als früher, und in einem Fall wurde sogar berichtet, dass der Antrag mit der Forderung nach Umformulierung von der Hochschulleitung zurückkam.

Die Historiker betonten, dass es eine Bereitschaft gebe, Forschungsanträge so zu formulieren, dass die Chancen einer Bewilligung stiegen. Aber diese Strategie habe keine Implikationen für die Wahl von Themen, die ausschließlich im Mainstream liegen. Dennoch seien unorthodoxe Forschungsperspektiven schwieriger aufrecht zu erhalten, weil alle Anträge begutachtet werden. Unorthodoxe Forschungsperspektiven ergeben sich vielfach aus der zunehmenden Netzwerkbildung und Forschung in interdisziplinären Teams. Ein Interviewpartner berichtete, dass der Fachbereich keine genialen Paradiesvögel brauche, sondern nach neuen Kollegen Ausschau halten würde, die zu den bestehenden Strukturen und Themen passfähig seien. Im Hinblick auf Nachwuchswissenschaftler und Doktoranden wurde es als bedeutsam erachtet, in einem gewissen Umfang auf gängige und vermarktbare Themen zu achten, um ihnen nicht von vornherein die Zukunft zu verbauen.

Forschungsergebnisse werden häufiger als zuvor in schnell publizierte Zeitschriftenartikel aufgeteilt, während die langfristigeren Buchprojekte aufgeschoben werden. Die Mittelalter-Historiker stellten außerdem fest, dass es aus ihrer Zunft mehr Publikationen in Zeitschriften mit einer breiteren, nicht-akademischen Leserschaft gibt. Die gestiegene Popularität von Filmen, Ausstellungen und belletristischen Büchern mit Mittelalter-Themen habe zu dieser Publikationsstrategie geführt.

In den deutschen Universitäten ist die Vorstellung eines engen Zusammenhangs von Forschung und Lehre noch weitgehend ungebrochen. In der Regel lässt die Hochschulleitung keine reinen Forschungsprofessuren oder reinen Lehrprofessuren zu. Allerdings gibt es hier erste Ausnahmen, die zeigen, dass diese Vorstellung an ihren Rändern zu erodieren beginnt. Diejenigen Universitäten, die im Zuge der Exzellenzinitiative Förderung für ‚Exzellenzcluster' gewinnen konnten, tendieren zu Ausnahmen, wenn neue Professoren für die Forschung in diesen Clustern rekrutiert werden. Im Prinzip ist die Reduktion des Lehrdeputats eine Frage der Verhandlung zwischen der Person, die berufen werden soll und der Hochschulleitung, aber reguläre Lehrstuhlinhaber an den Fakultäten und Fachbereichen, die zudem für Studiengänge verantwortlich sind, können sich in der Regel von der Lehre nicht freikaufen.

In einer international vergleichenden Perspektive (Deutschland, Österreich, Niederlande, England) konnte gezeigt werden, dass es trotz einiger Unterschiede auch eine Reihe von Gemeinsamkeiten in den Reaktionen auf die neuen Governance-Strukturen gibt. Die wichtigste dieser Gemeinsamkeiten soll an dieser Stelle hervorgehoben werden. In allen vier Ländern erwarten die Hochschuleinrichtungen zunehmend von den Forschenden (und Lehrenden), dass sie mit ihrer Arbeit zum Organisationsprofil beitragen. Damit ist nicht nur gemeint, dass sich die Forschenden und Lehrenden stärker mit ihrer Hochschule identifizieren sollen – frühere Studien haben für Deutschland ergeben, dass im internationalen Vergleich die Identifikation mit den Fachkollegen und der Disziplin deutlich stärker war und die Identifikation mit der Hochschule deutlich schwächer –, sondern auch, dass es einen höheren Grad an Zustimmung und Bereitschaft unter den Forschenden und Lehrenden gibt, diese Erwartung zu erfüllen, als dies noch vor wenigen Jahren der Fall war. Dies bleibt nicht folgenlos für die Art und Weise, in der Mittelalter-Historiker ihre Kredibilität herstellen und aufrechterhalten. Zwar wird Kredibilität und Reputation weiterhin über Forschung und Publikationen hergestellt, aber die Zielgruppe sind nicht länger ausschließlich die Fachkollegen innerhalb der Disziplin, sondern auch die beschäftigende Hochschule.

Die Folgen neuer Governance für akademische Kultur und Identität: einige Hypothesen und ein Arbeitsprogramm

In den bisherigen Analysen unbeantwortet geblieben ist die Frage nach den Auswirkungen der neuen Governance-Formen auf die akademische Kultur und Identität der Forschenden und Lehrenden, die in den letzten Jahren zunehmend häufiger mit folgenden Erfahrungen konfrontiert waren:

- Die akademischen Selbstverwaltungsorgane, zum Teil bis hin zum Senat, wurden geschwächt, und damit eine langjährig etablierte Diskussions- und Verhandlungskultur beschnitten. Wichtige Entscheidungen werden heute zunehmend anderswo (häufig im Hochschulrat oder im Präsidium/Rektorat) und von anderen Akteuren getroffen. Der Rahmen für die zentralen akademischen Tätigkeiten in Lehre, Forschung und Nachwuchsqualifikation wird damit nicht zwangsläufig unwirtlicher, aber zusehend seltener von den innerwissenschaftlichen Perspektiven des akademischen Personals bestimmt.

- Es wird von den Lehrenden und Forschenden erwartet, dass sie einen sichtbaren Beitrag zur institutionellen Profilierung und Wettbewerbsfähigkeit leisten, dass sie also mindestens einen Teil ihrer Lehr-, aber vor allem der Forschungsaktivitäten an vorgegebenen thematischen Bereichen oder zumindest an mit Schlagworten bezeichneten Schwerpunkten ausrichten, was im Konflikt zu der traditionellen Wahl von Forschungsthemen steht, die auf Selbststeuerung und auf der Selbstentfaltung von nach innerwissenschaftlichen Rationalitätskriterien operierenden Forschungslinien beruht.

- Neben Verhandlungen über Ziel- und Leistungsvereinbarungen, deren Erfüllung periodisch evaluiert wird, ist weiteren Berichts- und Rechenschaftspflichten nachzukommen bzw. wird von den einzelnen Lehrenden und Forschenden ein Beitrag dazu erwartet. Diese neuen Anforderungen dominieren auch zunehmend die Gremiendiskussionen in den Kollegialorganen, d.h. eine wachsende Zahl von handlungsrelevanten Beratungspunkten wird ‚von oben' oder ‚von außen' gesetzt.

Die Folgen dieser Veränderungen für das Selbstverständnis und die akademische Identität der Forschenden und Lehrenden sollen im Rahmen eines Projektes untersucht werden. Dabei wird allerdings nicht davon ausgegangen, dass die neuen, stärker hierarchisch und management-orientierten Governance-Regime quasi auf dem Weg von oben nach unten Wirkungen auf die akademische Identität der Lehrenden und Forschenden erzeugen, sondern dass es sich um ein komplexes Wechselspiel von Anpassungs- und Übersetzungsleistungen handelt, das zudem noch durch Pfadabhängigkeiten gekennzeichnet ist.

Die Studie geht von vier Hypothesen aus. Erstens verändern sich durch die neuen Governance-Regimes die akademische Kultur und Identität dahingehend, dass die akademische Kultur gegenüber einer stärkeren korporatistischen Kultur an Gewicht verliert und die akademische Identität durch externe Anforderungen und Anpassungsleistungen an Managementanforderungen hybridisiert wird. Zweitens nimmt die mittlere Managementebene zunehmend eine Sonderstellung ein, indem sie sich einerseits professionalisiert, andererseits Brücken- oder Mittlerfunktionen zwischen Hochschulleitung und Fachbereichen/Fakultäten übernimmt, während die Anpassungsleistungen der unteren Ebene (einzelne Wissenschaftlerinnen und Wissenschaftler) eine größere Bandbreite aufweisen, die von Befolgung über offenen oder verdeckten Widerstand bis hin zum Unterlaufen oder Ignorieren der Anforderungen reicht. Drittens gehen wir davon aus, dass Fachkultur und Biographie (genauer: Generation) die wichtigsten Variablen sind zur Bestimmung der Herausbildung und/oder Veränderung der professionellen Identität. Schließlich nehmen wir viertens an, dass drittmittelstarke Gruppen oder Individuen sich von Governance-Interventionen unabhängiger machen können als drittmittelschwache Gruppen oder Individuen, was zu der kontraintuitiven Annahme führt, dass gerade in Forschergruppen, die sich (traditionell) stärker an den marktförmigen Erfordernissen der Drittmitteleinwerbung orientieren, die tradierten Elemente einer eigenlogischen und selbstgesteuerten akademischen Kultur besser erhalten können.

Aus theoretischer Perspektive wird die akademische Kultur und Identität im Spannungsfeld von Fachkultur, Berufskultur und Organisationskultur betrachtet, wobei wir für die Analyse den Fokus auf die folgenden Dimensionen setzen: Zunächst werden wir die akademische Identität im Spannungsfeld der (epistemischen) Wissenskulturen der jeweiligen Fachgebiete betrachten, und diese in Interaktionen mit der Organisationskultur der jeweiligen Hochschule (akteurszentrierte neo-institutionalistische Ansätze) untersuchen. Weiter werden wir auf individueller Ebene eine Abgrenzung der durch die scientific communities vermittelten Fachkulturen und der professionellen akademischen bzw. wissenschaftlichen Identität der Forschenden und Lehrenden vornehmen und dabei Ansätze der Hochschulsozialisationsforschung und der Professionssoziologie berücksichtigen.

Geplant ist entsprechend diesem Ansatz die Durchführung einer Studie, die durch standardisierte Befragungen und qualitative Interviews mit wichtigen Akteuren innerhalb von Hochschulen die Wahrnehmung der Veränderungen von Governance-Formen seitens der Akteure selbst sowie die Folgen für die akademische Kultur und Identität analysiert.

Schlussfolgerungen

Die zentrale Forschungsfrage richtet sich auf das Verhältnis von akademischer Kultur und Identität einerseits und den neuen Governance-Formen andererseits. In einer naiven Sicht wären die neuen Governance-Formen als ein hierarchisches Durchregieren ‚gegen' die Selbstbilder und kulturellen Traditionen der Forschenden und Lehrenden zu verstehen. In diesem Sinne wären die Interessen, Perspektiven und Steuerungsmechanismen des akademischen Betriebs als ‚schwach' zu charakterisieren. Wir gehen demgegenüber jedoch davon aus, dass die akademische Kultur und Identität sehr wohl einen wesentlichen Einfluss auf die Implementation der Governance-Formen und auf ihre ,Aneignung' haben, weil z.b. biographische Pfadabhängigkeiten der betroffenen Wissenschaftler sowie institutionelle Pfadabhängigkeiten der jeweiligen Institution nicht ohne weiteres mit einer vollständigen Neufassung der institutionellen Governance-Arrangements vereinbar sind. Gleichwohl scheinen uns Interessen, Perspektiven und Steuerungsstrukturen, denen der akademische Betrieb an den Hochschulen bis in die Gegenwart folgte, gegenüber dem Momentum der neuen Governance-Formen in die Defensive zu geraten – die Adaption der Governance-Formen ist ja kein Prozess, der aus der traditionellen akademischen Kultur und Identität selbst erwachsen wäre. Gleichwohl zeigen die ersten vorliegenden Ergebnisse von Studien zu den Folgen der neuen Governance-Formen für die Steuerung des Wissenschaftsbetriebs, dass es durchaus zu einer produktiven Integration von Elementen aus der Wissenschaftslogik und den neuen Governance-Formen kommen kann. Aus theoretischer Perspektive interessieren uns dabei die Fragen nach den Bedingungen einer solchen produktiven Vermengung, die teilweise sicherzustellen vermag, dass die neuen Governance-Formen nicht zu einer rein wissenschaftsexternen Steuerung von Forschungslinien führen, sondern den eigenlogischen Perspektiven nach wie vor beträchtlichen Raum geben. In diesem Sinne schließt sich in praktischer, hochschulpolitischer Hinsicht die Frage an, in welchen organisationalen Settings und auf Basis welcher biographischen und institutionellen Traditionen dies gelingen kann.

Literatur

Amaral, Alberto/Jones, Glen A./Karseth, Berit (Hrsg.) (2002): Governing Higher Education: National Perspectives on Institutional Governance. Dordrecht: Kluwer

Babyesiza, Akiiki/Kehm, Barbara M. (2009): Governance-Forschung – eine anwendungsorientierte Wissenschaft? In: A. Keller, S. Staak: Innovation durch Partizipation. Steuerung von Hochschulen im 21. Jahrhundert. (GEW Materialien aus Hochschule und Forschung 115). Bielefeld: W. Bertelsmann Verlag, 119-127

Becher, Tony (1989): Academic Tribes and Territories. Buckingham: SRHE/Open University Press

Benz, Arthur (2004): Governance – Modebegriff oder nützliches sozialwissenschaftliches Konzept. In: Ders., (Hrsg.): Governance – Regieren in komplexen Regelsystemen. Wiesbaden: VS-Verlag, 11-28

Bleiklie, Ivar/Paradeise, Catherine/Fearlie, Ewan/ Reale, Emanuela (2009): University Steering Between Stories and History. In: dies. (Hrsg.): University Governance: Western European comparative perspectives. Dordrecht: Springer, 227-246

Braun, Dietmar (2001): Regulierungsmodelle und Machtstrukturen an Universitäten. In: E. Stölting, & U. Schimank (Hrsg.): Die Krise der Universitäten. Leviathan Sonderheft 20. Wiesbaden: Westdeutscher Verlag, 243-262

ders./Merrien, Francois-Xavier (Hrsg.) (1999): Towards a New Model of Governance for Universities? A Comparative View. London und Philadelphia: Jessica Kingsley

Burkhardt, Anke/Quaisser, Gunter (2002): Leistungsorientierte Mittelverteilung im Spiegel der Landeshochschulgesetze. Wittenberg. www.hof.uni-halle.de/steuerung/budget/einleitung.htm

Burkhardt, Anke/Scheuring, Andrea (2003): Zielvereinbarungen im Spiegel der Landeshochschulgesetze. Wittenberg: Institut für Hochschulforschung. http://www.hof.uni-halle.de/steuerung. (Zugriff am 28. 9. 2009)

Ehrenberg, Ronald G. (Hrsg.): (2004): Governing Academia. Who Is in Charge at the Modern University? Ithaka, NY: Cornell University Press

Frankfurter Rundschau (2003): Hochschulrat tritt zurück – Harsche Kritik am Marburger Universitätspräsidenten Horst Kern. In: Frankfurter Rundschau, 28.10., 33

Henkel, Mary/Little, Brenda (Hrsg.) (1999): Changing Relationships between Higher Education and the State. London: Jessica Kingsley

Hirsch, Werner Z./Weber, Luc.E. (Hrsg.) (2001): Governance in Higher Education. The University in a State of Flux. London: Economica

Hochschulrektorenkonferenz (Hrsg.) (2002): Hochschulräte als Steuerungsinstrumente von Hochschulen. Beiträge zur Hochschulpolitik 6/2002. Bonn: HRK

Jansen, Dorothea (Hrsg.) (2007): New Forms of Governance in Research Organizations. Disciplinary Approaches, Interfaces and Integration. Dordrecht: Springer

Kehm, Barbara M./Lanzendorf, Ute (2005): Ein neues Governance-Regime für die Hochschulen – mehr Markt und weniger Selbststeuerung? In: Zeitschrift für Pädagogik 50. Beiheft: Hochschullandschaft im Wandel. Hrsg. v. Ulrich Teichler und Rudolf Tippelt. Weinheim und Basel: Beltz, 41-55

dies. (Hrsg.) (2006): Reforming University Governance. Changing Conditions for Research in Four European Countries. Bonn: Lemmens

Kehm, Barbara M./Leisyte, Liudvika (2009): Effects of New Governance on Research in the Humanities. The Example of Medieval History. In: D. Jansen (Hrsg.): Governance and Performance in the German Public Research Sector. Dordrecht: Springer, i.E.

König, Karsten/Schmidt, Susanne/Kley, Tobias (2003): Vertragliche Hochschulsteuerung. Wittenberg. www.hof.uni-halle.de/steuerung

Leisyte, Liudvika (2007): University Governance and Academic Research. Case Studies of Research Units in Dutch and English Universities. Enschede: CHEPS, University of Twente

Lüthje, Jürgen (2000): Hochschulgerechte Leitungs- und Entscheidungsstrukturen. In: Stifterverband für die Deutsche Wissenschaft (Hrsg.): Reform Universitäten – Leistungsfähigkeit durch Eigenverantwortung (Symposium am 7. und 8. Oktober 1999 in Bonn). Essen: Stifterverband, 44-51

Maassen, Peter (2003): Shifts in Governance Arrangements: An Interpretation of the Intro-
duction of New Management Structures in Higher Education. In: A. Amaral, L.V.
Meek, I. Marheim Larsen (Hrsg.): The Higher Education Managerial Revolution?
Dordrecht: Kluwer

Martens, Kerstin/Rusconi, Alessandra/Leuze, Kathrin (2007): New Arenas of Education
Governance. The Impact of International Organizations and Markets on Educational
Policy Making. Houndmills, Basingstoke: Palgrave Macmillan

Mayntz, Renate (2002): University Councils: An Institutional Innovation in German Universities. In: European Journal of Education Vol. 37, No. 1, 21-28

dies. (2004): Governance Theory als fortentwickelte Steuerungstheorie? MPIfG Working
Paper 04/1. Köln: Max-Planck-Institut für Gesellschaftswissenschaften

Müller-Bromley, Nicolai (2004): Der Stiftungsrat in Niedersachsen – mehr Hochschulauto-
nomie oder ‚das entfesselte Präsidium'? In: Die neue Hochschule 1, 13-20

OECD (2003): Governance of Public Research: Toward Better Practices. Paris: OECD

Pellert, Ada (1999): Die Universität als Organisation. Die Kunst, Experten zu managen.
Wien: Böhlau

Schimank, Uwe (2001): Festgefahrene Gemischtwarenläden – Die deutschen Hochschulen
als erfolgreich scheiternde Organisationen. In: E. Stölting, U. Schimank (Hrsg.): Die
Krise der Universitäten. Leviathan Sonderheft 20. Wiesbaden: Westdeutscher Verlag,
223-242

Schuppert, Gunnar F. (Hrsg.) (2005): Governance-Forschung. Vergewisserung über Stand
und Entwicklungslinien. Baden-Baden: Nomos

ders. (2006): Zauberwort Governance. Weiterführendes Forschungskonzept oder alter Wein
in neuen Schläuchen? In: WZB-Mitteilungen, H. 114, Dezember, 53-56

Ziegele, Frank (2002): Reformansätze und Perspektiven der Hochschulsteuerung in Deutschland. In: Beiträge zur Hochschulforschung, 24. Jg., H. 3, 106-121

ders. (2004): Was leisten Hochschulräte? Beitrag auf dem 1. Osnabrücker Kolloquium zum
Hochschul- und Wissenschaftsmanagement „Was leisten Hochschulräte?" am 10. März

Die politische Repräsentation von schwachen Interessen am Beispiel von MigrantInnen

Esther Mikuszies, Jörg Nowak, Sabine Ruß & Helen Schwenken

Wenig Zweifel bestehen dahingehend, dass MigrantInnen und Flüchtlinge zu denjenigen Bevölkerungsgruppen gehören, deren Interessenartikulation nicht als ‚stark' bezeichnet werden kann. Wie ‚schwach' sie selbst und ihre Interessen in politischen Systemen repräsentiert sind, darüber gibt es allerdings Diskussionen, und die Bewertung unterscheidet sich im Ländervergleich, im Vergleich zwischen verschiedenen Gruppen von MigrantInnen und je nach politischer Konjunktur. So sind beispielsweise die Interessen von Asylsuchenden durch zum Teil rassistische politische Kampagnen seit Mitte der 1980er Jahre und insbesondere mit dem überparteilich getragenen ‚Asylkompromiss' 1992, der eine deutliche Einschränkung des Asylrechts bedeutete, signifikant geschwächt worden (Schneider 2009: 125). Zuvor wurde ihr Interesse advokatorisch inner- und außerhalb des Parlaments vertreten, mit dem überparteilichen Konsens gab es jedoch im Parlament nur noch wenig FürsprecherInnen und keine Veto-Möglichkeiten mehr. Dieses Beispiel veranschaulicht, dass die Stärke oder Schwäche von Interessen marginalisierter Gruppen modulierbar ist in Abhängigkeit von rechtlichen Vorgaben, institutionellen Arrangements und politischen Konjunkturen. In diesem Beitrag soll gezeigt werden, warum die Erforschung der Repräsentationsmodi von MigrantInnen ein relevanter Beitrag zur Demokratieforschung ist. Die Hauptthese ist, dass Modi der Repräsentation einen entscheidenden Einfluss auf die Position von MigrantInnen in einem politischen Gemeinwesen haben und damit einen der Schlüsselfaktoren für die Demokratisierung europäischer Gesellschaften darstellen.

Im Folgenden diskutieren wir zunächst, welche Interessen als ‚MigrantInneninteressen' bezeichnet werden können und inwiefern es sich dabei um ‚schwache Interessen' handelt. Die Frage nach der Repräsentation von MigrantInnen ist auch politisch relevant, da sich die europäischen Gesellschaften stetig und dauerhaft diversifizieren und deren Bevölkerungen in zunehmender Anzahl aus Menschen mit temporärer oder unbestimmter Aufenthaltsdauer bestehen. Diese Fragen, die interdisziplinär von den *Citizenship Studies* verhandelt werden, werden im zweiten Teil des Beitrags aufgegriffen. Empirisch widmen wir uns im dritten Teil den verschiedenen Modi der Interessenrepräsentation von MigrantInnen und stellen wichtige Befunde aus bereits vorliegenden Studien vor. Vor dem Hintergrund der demokratietheoretischen Fragestellungen und dem empirischen Forschungsstand formulieren wir am Schluss Forschungsperspektiven.

Interessen von MigrantInnen als „schwaches Interesse"

MigrantInnen – im Ausland geborene Personen und ihre Kinder – stellen eine abstrakte, exogen definierte Gruppenkategorie dar, die in der Lebenswirklichkeit viele sozio-ökonomische Lebenslagen umfassen kann. Verschiedene Gruppen von MigrantInnen werden zudem häufig gesellschaftlich hierarchisiert: MigrantInnen ‚erster Klasse' wie Hochqualifizierte und weniger erwünschte Gruppen wie Flüchtlinge und Asylbewerber (Thaa/Linden 2008). Trotz dieser Heterogenität können einige Interessen als verallgemeinerbare MigrantInneninteressen verstanden werden (Schneider 2009: 121f.):

- Ein liberales Zuwanderungsregime: Nur wenige MigrantInnen sind legalen Zuwanderungsoptionen gegenüber skeptisch eingestellt. Viele erhoffen sich für Familienangehörige und Landsleute Einwanderungsmöglichkeiten und wissen auch ihre eigene Chance zur Einwanderung zu schätzen;
- Sprach-, Integrations- und Weiterbildungsangebote: Ihre Wahrnehmung – zu günstigen Konditionen – ermöglicht Bildung und erhöht Arbeitsmarktchancen;
- Einbürgerung und die Option auf eine Doppelte Staatsbürgerschaft;
- Transparentes und verständliches Migrationsrecht: Das deutsche Ausländerrecht z.B. gilt als für Laien nur schwer verständlich. Zudem gab es lange eine unübersichtliche Zahl an Aufenthaltstiteln, die mit dem neuen Zuwanderungsgesetz etwas vereinheitlicht wurden.
- Wahlrecht und andere Formen politischer Repräsentation: Politische Partizipationsmöglichkeiten erweitern den Gestaltungsspielraum von MigrantInnen als Individuen und Gruppen. Um diese Interessen geht es schwerpunktmäßig in diesem Beitrag.

Gemeinhin gelten MigrantInnen aufgrund der überdurchschnittlich anzutreffenden Ressourcenarmut (etwa ein geringer Bildungsstand) als Akteure mit schwachen Interessen, da sie beispielsweise auf dem Arbeits- und Wohnungsmarkt sowie in den Organisationen des politischen Gemeinwesens von Ausgrenzungs- und Schließungsprozessen betroffen sind. Auch die von Steven Vertovec (2007) auf lokaler Ebene diagnostizierte *super diversity*, also die heterogene Zusammensetzung dieser Gruppe im Hinblick auf Herkunft, Aufenthaltsstatus, Geschlecht u.a., erschwert die

Organisations- und Durchsetzungsfähigkeit. Organisationsfähigkeit und Durchsetzbarkeit dieser Interessen werden auch durch eine starke Fluktuation von Mitgliedschaften und eine damit zeitlich und räumlich gesteigerte Heterogenität eingeschränkt. Zudem können an den Herkunftsländern orientierte Formen der politischen und sozialen Organisierung wenig kompatibel mit den dominanten Formen der politischen und sozialen Organisierung im Einwanderungsland sein, was die Schließungsprozesse auf politischer Ebene verstärkt. Folgt man darüber hinaus der Argumentation von Amartya Sen (2007) und den Intersektionalitätsansätzen (Knapp 2005) lassen sich die multiplen und komplexen Identitäten von Individuen situationsbedingt mobilisieren: der oder die Einzelne agiert also nicht zwangsläufig und ausschließlich als Person mit Migrationshintergrund, sondern beispielsweise auch als Mann oder Frau oder als Religionszugehöriger. So stellt die multiple Zugehörigkeit von Individuen ein Problem für eine einheitliche Definition der Interessen einer bestimmten Gruppe wie ,der MigrantInnen' dar.

Gleichwohl sind gerade MigrantInnen als Fallbeispiel geeignet, um die in diesem Band reflektierte Problematik der Asymmetrie von Interessen in Governance-Arrangements zu verdeutlichen. Besonders augenfällig ist die politische Schwäche von MigrantInnen im Fall von Personen ohne Staatsbürgerstatus oder ohne Aufenthaltserlaubnis. Beide Untergruppen stellen Bevölkerungskategorien dar, deren politische Schwäche rechtlich konstruiert wird. Insgesamt tendieren politische Systeme in souveränen Nationalstaaten aufgrund der Dominanz der Sicherheitspolitik dazu, die Interessen von MigrantInnen zu ,schwachen Interessen' zu machen. Bereits in der Weimarer Republik wurde Einwanderung als Problem der ,öffentlichen Sicherheit' diskutiert und kam so in den Zuständigkeitsbereich der Innenverwaltungen. Während der Anwerbepolitik in den 1950er und 1960er Jahren gab es eine Verschiebung hin zu Arbeitgebern und Gewerkschaften als den maßgeblichen Lobbyisten und der Regierung und der Bundesanstalt für Arbeit als bestimmenden Akteuren. „Parlament und Öffentlichkeit als Diskursarenen blieben unberücksichtigt, die Politikformulierung erfolgte exekutiv-administrativ gesteuert in einem ministerialbürokratischen quasi-Arkanum von Verordnungen, Erlassen und internen Richtlinien" (Schneider 2009: 122).

Am Beispiel von MigrantInnen und ihren Interessen ist also davon auszugehen, dass es sich um vergleichsweise schwache Akteure handelt und die jeweilige konkrete ,Stärke' oder ,Schwäche' eines Interesses abhängig ist von rechtlichen Vorgaben, politischen Konjunkturen und institutionellen Arrangements.

Die politische Inklusion von MigrantInnen und Citizenship als Anforderungen an partizipative Governance

Regieren im 21. Jahrhundert ist angesichts einer abnehmenden Kongruenz von Beteiligten an Entscheidungsprozessen und den von diesen Betroffenen problematisch im Hinblick auf demokratische Ansprüche. Dies hängt unter anderem mit dem Anwachsen sozio-ökonomischer und ökologischer Interdependenzen zusammen, die nationalstaatliche Grenzen überschreiten.[1] Auch Migration trägt zu dieser Herausforderung der liberalen Demokratie und ihrer klassischen Verfahren bei. Am Beispiel von MigrantInnen wird die für sämtliche politische (nicht notwendigerweise staatliche) Regulierungsprozesse aufzuwerfende Frage der Beteiligung besonders augenfällig.

Die politische und soziale Inklusion der Einwanderungsbevölkerung ist in Europa seit Mitte der 1980er Jahre eine der Schlüsselfragen für eine gelingende demokratische Entwicklung. Wie gehen pluralistische Demokratien mit den Herausforderungen um, die infolge von Migration entstehen? Offenbar geraten die Governance-Strukturen pluralistischer Demokratien unter Anpassungsdruck, da die im politischen Regulierungsprozess zu verarbeitenden Interessen heterogener werden, und dies in zweifacher Hinsicht:

Erstens wächst die kulturelle Pluralität in der Gesellschaft. Als spezifisch demokratisches Moment einer Gesellschaftsordnung wird heute nicht mehr nur die einfache Gleichheit der politischen Rechte, sondern zunehmend auch die allen Mitglieder(gruppe)n gleichermaßen zukommende Anerkennung von Vielfalt und Unterschieden formuliert (Phillips 1995; Benhabib 1999).

Zweitens werden die Gesellschaften der Verfassungsstaaten infolge von Migration nicht nur kulturell vielfältiger, sondern es gibt auch eine stärkere Fluktuation von Mitgliedschaften und insofern eine zeitlich und räumlich gesteigerte Heterogenität. Demokratische Herrschaftsordnungen, die sich über ihren normativen Anspruch auf Inklusion definieren, stehen vor der Herausforderung, ob, inwieweit und auf welche Weise sie Interessen von Gesellschaftsmitgliedern ohne Staatsbürgerschaft, also ohne formalisiertem Bürgerstatus und mit unbekannter, relativ kurzer bzw. mutmaßlich begrenzter ,Mitgliedschaft' bzw. Verweildauer berücksichtigen. Diese neue demokratische Herausforderung wird in der Debatte um eine Reformulierung von *denizenship,* etwa zu übersetzen mit ,Stadtbürgerschaft', bzw. der Ausbildung einer transnationalen *Citizenship* reflektiert. Letztere wird diskutiert als Idee

---

[1] In den 1970er Jahren wurde vor allem im Zusammenhang mit der Auseinandersetzung um Kernenergie die Legitimität von Mehrheitsentscheidungen infrage gestellt, also die zentrale Entscheidungsregel der klassisch parlamentarischen Demokratie.

von territorial ungebundenen, an die Universalität der Menschenrechte gekoppelten politischen und kulturellen Grundrechten oder als allen Mitglieder(gruppe)n gleichermaßen zukommende Anerkennung von Vielfalt und Unterschieden (Modood 2008; Phillips 2007; Thompson 2008; Squires 2008).

Weiterführend für die Frage, welche Akteure in Governance-Arrangements einbezogen werden können und sollen, ist die Kategorisierung von denkbaren Beteiligungsansprüchen, mit denen Phillippe C. Schmitter den klassischen, an formale politische Rechte gekoppelten Bürgerbegriff mit Blick auf die Partizipation an politischen Regulierungsprozessen ersetzt. Neben dem Rechtsanspruch auf politische Beteiligung (Staatsbürgerschaft), der für einen Großteil der MigrantInnen in vielen Ländern nicht gegeben ist, ergibt sich beispielsweise potentiell ein Beteiligungsanspruch auf der Grundlage der Eigenschaft als *spatial holder*, also BewohnerIn eines bestimmten Gebiets, oder auch als *share holder*, als EigentümerIn oder SteuerzahlerIn, jedenfalls aber als *stakeholder* und Betroffene von Entscheidungen (Schmitter 2002).

Hinsichtlich der zivilgesellschaftlichen und sozio-ökonomischen Aspekte ist die Benachteiligung von MigrantInnen von der sozialwissenschaftlichen Forschung bereits facettenreich erfasst worden. Umstritten blieben die effektiven Modi der Inklusion − aktive Teilhabe, institutionelle Einbindung, Anerkennung als StaatsbürgerInnen, als Erwerbstätige oder als Angehörige religiöser Gemeinschaften. Konsens der Debatte ist aber, dass eine mit moderner Staatlichkeit einhergehende Verbindung von *Citizenship* (Staatsbürgerschaft) und ethnisch begründeter Nationalität zum Ausschluss von MigrantInnen beiträgt. Daraus ergibt sich die Notwendigkeit, neue Formen von Citizenship zu entwickeln, um der veränderten Situation in inklusiver Hinsicht gerecht zu werden (Leca 1992; Soysal 1994; Balibar 2004). Einige Ansätze betonen, dass weiterhin die nationale Staatsbürgerschaft entscheidend ist für die Realisierung universeller Rechte. Sie wollen daher die Idee der Nation von jeglichem ethnischen Bezug trennen (Schnapper 1998) oder nationale Staatsbürgerschaft möglichst expansiv gestalten (Schuster/Solomos 2002). Post-nationale Ansätze entwickeln dagegen Modelle einer transnationalen oder europäischen Staatsbürgerschaft, um die Realitäten transnationaler Biographien und Identifikationen durch einen rechtlichen Status zu institutionalisieren (Bauböck 1994; Benhabib 1999). Übergreifend geht es bei der Debatte um Citizenship darum, wie ökonomische und soziale Inklusion mit kultureller Anerkennung und politischer Partizipation vereinbart werden können (Fraser 1998; Honneth/Fraser 2003).

Mit der Debatte um Citizenship wird deutlich, dass die im modernen Nationalstaat entwickelten Formen der Repräsentation angesichts der Einwanderung im späten 20. Jahrhundert an Grenzen stoßen. Der Grad ihrer Repräsentativität steht in Frage: „the *national* form of the political community began, in a sense, to vacillate in its function as the ultimate, if not exclusive institutional reference" (Balibar 2004, 51f). Da Repräsentation eines der wesentlichen Elemente politischer Herrschaft in liberal-demokratischen Systemen darstellt (Pitkin 1967; Bußhoff 2000; Duso 2006), ist damit, dass große Teile der MigrantInnen nicht im formellen politischen System repräsentiert sind, eine Krise der Repräsentativität gegeben: es entsteht eine ‚defizitäre' Demokratie (Valchars 2006; Kivisto/Faist 2007).

Ein Ansatzpunkt, dieser Krise der Repräsentation zu begegnen, ist neben veränderten Regelungen zur Staatsbürgerschaft das Konzept, Nicht-StaatsbürgerInnen durch besondere, neu geschaffene Mechanismen der Repräsentation symbolisch und partizipativ in das politische System zu integrieren. Theoretisch ließe sich eine erfolgreiche Einbindung auch als Voraussetzung erfolgreicher Governance auffassen. Der Vernachlässigung von Konflikten und *politics* in der Governance-Literatur (vgl. Hirst 2000; Benz 2001) wird mittlerweile durch die Integration demokratietheoretischer Fragen und die Diskussionen um *participatory governance* gegengesteuert (Grote/Gbikpi 2002; Heinelt u.a. 2008).

Zur politischen Inklusion von MigrantInnen in Europa

Stand der Forschung

Zur Erklärung der unterschiedlichen Formen politischer Mobilisierung und Partizipation von Migrationsbevölkerungen lassen sich idealtypisch drei Ansätze unterscheiden (Ireland 2000): (a) Klassentheoretische Arbeiten, die vor allem in den 1970er Jahren einflussreich waren, betonen die ethnische Unterschichtung und Segregation von MigrantInnen, was ein ethnisch gekennzeichnetes Subproletariat und einen ethnisch artikulierten Widerstand zur Folge habe. Es wird davon ausgegangen, dass die Art der politischen Partizipation von der gemeinsamen Klassenzugehörigkeit der GastarbeiterInnen, Schwarzen und postkolonialen EinwanderInnen als ArbeiterInnen bzw. als Armutsbevölkerungen geprägt ist. (b) Ethnische und religiöse Zugehörigkeiten werden von einer zweiten Gruppe von Arbeiten als erklärende Variable für die Art und Weise der Organisierung von MigrantInnen begriffen. Es wird angenommen, dass Ethnizität und Religionszugehörigkeit relativ stabile soziale und politische Identitäten sind und dass MigrantInnen ihre politischen Interessen im Rückgriff auf religiöse, kulturelle, regionale, ethnische und nationale Elemente und in Reaktion auf Diskriminierungserfahrungen organisieren und artikulieren. Bei MigrantInnen derselben Herkunft müssten somit in verschiedenen

Ländern ähnliche Partizipationsmuster zu entdecken sein. (c) Auf länderspezifische institutionelle Unterschiede beruft sich schließlich die dritte Gruppe von Arbeiten institutionalistischer Provenienz (Soysal 1994; Odmalm 2005; Baringhorst u.a. 2006). Demnach besteht ein Zusammenhang zwischen juristischen und politischen Institutionen und Partizipationsformen. Länderspezifische Ausprägungen von Partizipationsmustern sind auf institutionelle Variablen – z.B. Integrationspolitik, Staatsbürgerschaftsrecht und institutionelle ‚Torwächter' wie Gewerkschaften, politische Parteien, religiöse und humanitäre Organisationen – zurückzuführen, wenn Merkmale wie Klassenzugehörigkeit und Herkunft konstant bleiben. Ethnischen und kulturellen Differenzen wird somit weniger Relevanz beigemessen als Institutionen.

Unabhängig davon, welcher dieser Erklärungsansätze theoretisch und empirisch plausibel ist, lassen sich die folgenden Modi der Interessenvertretung von MigrantInnen unterscheiden. Zwischen diesen gibt es personelle und organisatorische Überlappungen.

a. Selbstvertretung durch Vereine oder Verbände von MigrantInnen;
b. Mitvertretung durch Interessenorganisationen der Mehrheitsgesellschaft (z.B. Gewerkschaften);
c. Advokatorische Vertretung, etwa durch Kirchen und Wohlfahrtsverbände, wobei im Fall von MigrantInnen auch transnationale Nichtregierungsorganisationen oder internationale/supranationale Organisationen eine Anwaltsfunktion übernehmen können;
d. Wahlpolitische Mechanismen: MigrantInnen können unter Umständen auch dann zum Parteiengagement angeworben werden und die Interessen von MigrantInnen aufgegriffen werden, wenn MigrantInnen weder das passive noch das aktive Wahlrecht besitzen, weil dies für das ideologische Profil der Partei von Bedeutung sein kann;
e. Direkte oder indirekte Vertretung dank des Repräsentationsauftrags öffentlicher Verwaltung: durch spezielle Regierungsbeauftragte, durch Staatssekretäre oder durch die Einrichtung von aus MigrantInnen rekrutierten Gremien und Räten.

Modi der Repräsentation

Im Folgenden konzentrieren wir uns auf neue und alte institutionalisierte Zugangswege, da es hier in den letzten Jahren auf lokaler wie nationaler Ebene erhebliche Veränderungen gegeben hat. Dabei sind die institutionalisierten Zugangswege zur politischen Interessenvertretung ebenso vielfältig wie die Organisationsformen und Forderungen der MigrantInnen selbst.

Angestoßen durch die Vorgaben der EU-Antidiskriminierungsrichtlinie und zur Bekämpfung von Mehrfachdiskriminierungen sind institutionelle Veränderungen vorgenommen worden: So wurde etwa im ‚alten' Einwanderungsland Großbritannien die *Commission on Racial Equality* in die *Equality and Human Rights Commisssion* umgewandelt (Squires 2007). Auf lokaler Ebene versuchen die *Race Relations Units*, die Interessenvertretung von MigrantInnen zu verankern, wobei diese, ähnlich wie Migrationsbeauftragte oder ‚Ausländerbeiräte', MigrantInnen im multikulturalistischen Sinne als Gruppen vertreten.

Zahlreiche Foren des europäischen Erfahrungsaustauschs im Hinblick auf institutionelle Arrangements zur Interessenvertretung von MigrantInnen wie z.B. das *Local Integration/Partnership Action Programme* (LIA), aber auch vergleichende Forschungsvorhaben wie *Multicultural Democracy and Immigrants' Social Capital in Europe: Participation, Organisational Networks, and Public Policies at the Local Level* (LOCAL-MULTIDEM) thematisieren verschiedene Muster politischer Partizipation.

In der vergleichenden Forschung zur Partizipation von MigrantInnen wird die neoinstitutionalistische These, dass Institutionen als Zwang- und Anreizsysteme Verhalten und Strategien von Akteuren beeinflussen, mehrfach empirisch bestätigt, etwa im Rahmen des Vergleichsprojektes LOCALMULTIDEM. Hier erweist sich unterschiedliches Partizipationsverhalten marokkanischer MigrantInnen in verschiedenen lokalen Kontexten in Spanien als signifikant (Morales u.a. 2009). Ebenso verdeutlicht der Vergleich von AlbanerInnen in Italien und von AlbanerInnen in Athen, dass sich dieselbe Einwanderergruppe aufgrund einer unterschiedlichen politischen Struktur unterschiedlich entwickelt: In Italien stehen kulturelle Identitätspolitiken im Vordergrund, in Griechenland Forderungen nach Aufenthaltsrechten. Zudem wird deutlich, dass Auswanderer durch die veränderte Umgebung andere Formen politischen Verhaltens entwickeln als in den Herkunftsländern (Chiodi 2005). Es gibt jedoch auch gegenläufige Befunde, die dem zweiten Erklärungsmodell entsprechen: etwa den Transfer von Protestformen, die eher in den Herkunftsländern verbreitet sind. Beispiele sind Hungerstreiks türkischer Linker oder die Demonstrationen von ‚Frauen in Schwarz'.

Ähnlich wie bei der Interessenvertretung anderer ressourcenschwacher Akteure (Kersting 2008) zeichnet sich in vielen westeuropäischen Ländern auch bei MigrantInnen der Trend zur Einbindung in deliberative Gremien ab. Es lassen sich neue institutionalisierte Foren auf nationaler Ebene z.B. mit der Süssmuth-Kommission, dem Islamrat und dem Integrationsgipfel in der Bundesrepublik, mit Spaniens nationalem Integrationsforum und Dänemarks Rat für ethnische Minderheiten beobachten, wobei sich diese Institutionen in ihrer Zusammensetzung und Funktionsweise voneinander stark unterscheiden. Außerdem versuchen lokale Experimente, wie z.B. die Quartiersmanagements in Berlin, die „Mesas Distritales" in Madrid oder verschiedene Foren im Rahmen der französischen „Politique de la Ville", MigrantInnen auf Stadtteilebene in deliberative Gremien einzubinden – teilweise ohne sich explizit an diese zu richten, sondern nach republikanischem Format, welches die gesamtgesellschaftliche Kohäsion zum Ziel hat. Es stellt sich die Forschungsfrage, ob schwache Interessen effizienter in deliberativen Gremien repräsentiert werden (Zinterer 2007) oder auf dem klassischen parlamentarischen Weg (Thaa/Linden 2008). Studien zu parlamentarischen Expertenkommissionen im Migrationsbereich auf nationaler Ebene kommen zu unterschiedlichen Ergebnissen: Während zum Beispiel Schneider (2009) die langfristigen Wirkungen der Unabhängigen Kommission „Zuwanderung" („Süssmuth-Kommission") eher positiv einschätzt, gelangen Siefken (2009) und Linden (2009) zu einer eher skeptischen Beurteilung: „Für Vertreter schwacher Interessen [...] kann die Beteiligung in Expertenkommissionen daher sogar kontraproduktiv sein, weil dadurch Aktionsmöglichkeiten in der Verhandlungsphase begrenzt werden" (Siefken 2009: 115). Der parteipolitisch-parlamentarische Prozess bietet trotz der geringen Vertretung von MigrantInnen in Parlamenten (Wüst/Heinz 2009) laut Linden drei Vorteile gegenüber deliberativ-rational ausgestalteten Repräsentationsformen (Linden 2009: 149, 173f.): Partikularinteressen lassen sich besser über die parteipolitisch-parlamentarische Vertretung einbringen *(voice)*; durch die Mobilisierung von UnterstützerInnen lassen sich eine negative Betroffenheit und die Anliegen von schwachen Interessen besser zur Geltung bringen *(advocacy)*; in Verhandlungen lassen sich besser Tauschgeschäfte vereinbaren *(bargaining)*.

Mögliche Kriterien von Repräsentativität

Neben der eher verfahrenstechnischen Frage stellt sich bei neu geschaffenen Institutionen die Frage nach der demokratietheoretischen Legitimation. Im Zentrum steht einerseits die Frage, ob sich die Konstruktion von Sondergruppen kontraproduktiv auswirkt. Diese Diskussion erinnert an die Quotierung von Posten nach Geschlecht und an andere Formen positiver Diskriminierung. Andererseits ist zu diskutieren, ob es grundsätzlich besser ist, spezifische Arrangements neu zu schaffen oder bereits vorhandene, historische Arrangements zu öffnen bzw. ihre Funktion auf neue Citizenship-Gruppen umzuschneiden, wie es etwa Modood (2008) für die Einbindung religiöser Minderheiten vorschlägt. Empirisch lassen sich zahlreiche Hinweise auf paradoxe Effekte bei der Inkorporation von Gruppen beobachten.

Kulturelle Heterogenität wird teilweise bewusst z.b. über die Förderung von MigrantInnenvereinen instrumentalisiert, um ethnische Solidaritäten zu verstärken und eine gruppenübergreifende Organisations- und Handlungsfähigkeit zu erschweren. Beklagt wird in verschiedenen Länderkontexten außerdem die mangelhafte Responsivität/Repräsentativität muslimischer Dialogpartner (Zapata-Barrero 2006). Ähnlich wie Kritiker der deutschen Islamkonferenz kritisiert beispielsweise die marokkanische Organisation „ATIME" (Asociación de Trabajadores Inmigrantes Marroquíes en España) in Spanien, dass der Dialog mit der muslimischen Bevölkerung nur mit konservativen Glaubensvertretern geführt werde. Da in Deutschland MigrantInnen von der Süssmuth-Kommission ausgeschlossen wurden, war es ein struktureller Fortschritt des Integrationsgipfels, dass MigrantInnenvertreter beteiligt wurden (Zinterer 2007: 150f). Grundsätzlich kritisiert Amartya Sen (2007) die Suche vieler Staaten nach religiösen Ansprechpartnern als reduktionistisch in Bezug auf das Mobilisierungspotential von Identitäten und als wenig geeignet zur Ausbalancierung von Interessenasymmetrien, zumal institutionelle Maßnahmen, die von Religion abgeleitet werden, zwar religiöse Autoritäten stärkten, aber gleichzeitig die Bedeutung nichtreligiöser Institutionen und Bewegungen vernachlässigten (Sen 2007). So liegt etwa der spezifische Bias der Islamkonferenz darin, dass MigrantInnen als religiöse Gruppe repräsentiert werden und nicht als politische Subjekte (Meier/ Scheiterbauer 2007: 102). Mit dieser Form der Repräsentation wird zum einen die Differenz von muslimischen MigrantInnen in Bezug auf die restliche Bevölkerung, nicht jedoch ihre Gleichheit als politische Subjekte hervorgehoben. Zum anderen wird damit nur ein Teil der MigrantInnen angesprochen, nämlich die, die sich mit dem Islam identifizieren. Ein weiteres Problem ist im deutschen Fall die Selektion der eingeladenen Organisationen durch das Büro der Integrationsbeauftragten (Zinterer 2007: 163). Die konservativen, fundamentalistischen und rechtsradikalen Vertreter des sunnitischen Islams in Deutschland haben in der Konferenz das größte Gewicht, obwohl sie im Gegensatz zu den alevitischen Vereinen nicht bei den Behörden als religiöse Anstalten des öffentlichen Rechts registriert sind und keine Angaben über ihre Mitgliederzahl machen. Zusammengefasst: Die Schwierigkeit der Repräsentation von MigrantInnen liegt in diesem Fall nicht nur in der Anrufung der MigrantInnen als religiöse Subjekte, sondern auch in der Unkenntnis und/oder selektiven Betrachtung dessen, wer von den MigrantInnen als legitimer Vertreter betrachtet wird bzw. in der potenziellen Nicht-Existenz solcher Organisationen. Durch die Konzentration auf die Islamkonferenz erspart die Bundesregierung sich, mit Organisationen der türkischen und kurdischen Linken sowie der säkularen und muslimischen Frauen-Netzwerke zu verhandeln, die sich nicht als Partner zur Konsolidierung einer religiös-konservativen Migranten-Community eignen (Gamper/ Reuter 2008).

Insgesamt steht eine systematisch vergleichende Analyse der verschiedenen Modi und Strategien der Interessenvertretung sowie deren Legitimation noch aus. Im folgenden Abschnitt werden empirische und normative Fragen für ein solches Forschungsprogramm formuliert.

Forschungsperspektiven: Migration und die Veränderung institutioneller Arrangements

Geht die in Europa zu beobachtende Pluralisierung von Repräsentationsformen auch mit erhöhter Partizipation der Repräsentierten, in diesem Falle von MigrantInnen, einher? Es ist weiter von Interesse, ob dadurch Formen von „associative self-governance" (Hirst 2000: 29) entstehen, die den Staat entlasten und zugleich demokratisieren. Es ist ebenfalls denkbar, dass durch die Einrichtung von Repräsentationsmechanismen auf staatlicher Ebene die Handlungsmacht der organisierten MigrantInnen an das institutionelle Setting angepasst und durch letztlich einflusslose symbolische Posten neutralisiert wird. Hierfür finden sich einige Indizien in bislang jedoch wenig systematisierend und vergleichend angelegten Abhandlungen, wie z.B. über die Einführung der „Mesas Distrales" in Madrid (Giménez Romero 2006).

Da sich bei der Entstehung von Repräsentationsmechanismen für MigrantInnen Politiknetzwerke zwischen ihnen und etablierten Politikakteuren herausbilden, ist zu fragen, ob sich durch diese Politiknetzwerke die Einflusschancen von MigrantInnen signifikant verbessern. Gelingt es, weitere vormals marginalisierte Teile der Zivilgesellschaft in Formen der Entscheidungsfindung und die für diese Entscheidungen relevanten Politiknetzwerke in einer Weise einzubinden, die diese marginalisierten Teile stärkt und ihren Einfluss vergrößert? Beispielsweise könnten Selektivitäten seitens der etablierten politischen Akteure darin erkennbar sein, welche Organisationen der MigrantInnen einbezogen werden.

Zu fragen ist bei einer Untersuchung der Erweiterung von Repräsentationsmechanismen auch nach den spezifischen Grenzen ihrer Inklusivität. Entstehen mit der Einrichtung von Repräsentationsmechanismen für MigrantInnen auch Interessenskoalitionen, die die Inklusivität des politischen Systems befördern und wenn ja, unter welchen Bedingungen? Welche Formen von Governance ermöglichen dies und sind zu ihrer Umsetzung geeignet?

Auf normativer Ebene wird dabei künftig die Frage fruchtbare Impulse liefern, wie die Inklusion schwacher Interessen aus demokratietheoretischer Perspektive thematisiert und legitimiert werden kann. Zu Recht betont Schmitter, dass partizipative Governance, die die Entscheidungen der Bürger stärker einbezieht, nicht vom Himmel fällt und klarer Prioritätensetzungen bedarf (2002: 68) – und zudem nicht unbedingt mit den konventionellen Auslegungen und Formen demokratischer Normen vereinbar ist. Dazu gehört beispielsweise auch ein Überdenken eines Gleichheitsbegriffs, der sich letztlich in der Praxis auf eine rein formale Verfahrensgleichheit stützt. Diese führt jedoch bisweilen zu struktureller Diskriminierung und Festschreibung von sozialen Ungleichheiten. Unter dem Schlagwort „Recht auf Differenz" hat unter anderem Anne Phillips (1995, 2007) gefordert, dass durch Verfahren, die als gewollte Ungleichbehandlung zur Überwindung von Machtasymmetrien verstanden werden könnten, bestimmte Interessen erst artikulierbar und in den politischen Prozess eingespeist werden können. Wer über neue Verfahren und Formen von Governance nachdenkt, kommt daher nicht an den ersten Fragen der gesellschaftlichen Leitbilder und Prinzipien vorbei.

Literatur

Balibar, Étienne (2004): Citizenship without Community? In: ders. (Hrsg.): We, the People of Europe? Princeton-Oxford: Princeton University Press, 51-77

Baringhorst, Sigrid/Hunger, Uwe/Schönwalder, Karen (Hrsg.) (2006): Politische Steuerung von Integrationsprozessen: Intentionen und Wirkungen. Wiesbaden: VS Verlag für Sozialwissenschaften

Bauböck, Rainer (1994): Transnational Citizenship. Membership and Rights in International Migration. Aldershot u.a.: Elgar

Benhabib, Seyla (1999): Kulturelle Vielfalt und demokratische Gleichheit. Politische Partizipation im Zeitalter der Globalisierung. Frankfurt/Main: Fischer

Benz, Arthur (2001): Der moderne Staat. Grundlagen der politologischen Analyse. München u.a.: Oldenbourg

Bußhoff, Heinrich (2000): Politische Repräsentation. Repräsentativität als Bedingung und Norm von Politik. Baden-Baden: Nomos

Chiodi, Luisa (Hrsg.) (2005): The Borders of the Polity. Migration and Security across the EU and the Balkans, Ravenna

Duso, Giuseppe (2006): Die moderne politische Repräsentation. Entstehung und Krise des Begriffs. Berlin: Duncker & Humblot

Fraser, Nancy (1998): Social Justice in the Age of Identity Politics: Redistribution, Recognition, Participation. Berlin: WZB Discussion Paper FS I, 98-108

Gamper, Markus/Reuter, Julia (2008): Muslimische Frauen-Netzwerke in Deutschland. Selbstorganisation und Interessenartikulation von Migrantinnen. In: Femina Politica 12. Jg, H. 1, 81-93

Giménez Romero, Carlos (2006): Inmigración y derechos de ciudadanía. In: Fundación CI-DOB (Hrsg.): III Seminario Inmigración y Europa, Barcelona, 141-149

Grote, Jürgen R./Gbikpi, Bernhard (Hrsg.) (2002): Participatory Governance. Political and Societal Implications. Opladen: Leske und Budrich

Heinelt, Hubert/Braun, Dietmar/Nullmeier, Frank/Saretzki, Thomas (Hrsg.) (2008): Demokratie jenseits des Staates. Partizipatives Regieren und Governance. Baden-Baden: Nomos

Hirst, Paul (2000): Democracy and Governance. In: P. Jon (Hrsg.): Debating Governance. Oxford: Oxford University Press, 13-35

Honneth, Axel/Fraser, Nancy (2003): Umverteilung oder Anerkennung? Eine politisch-philosophische Kontroverse. Frankfurt/Main: Suhrkamp

Ireland, Patrick (2000): Die politische Partizipation der Einwanderer in Westeuropa: Die Macht der Institutionen. In: J.W. Van Deth, T. König (Hrsg.): Europäische Politikwissenschaft: Ein Blick in die Werkstatt. Frankfurt/Main-New York: Campus, 249-280

Kersting, Norbert (2008): Beiräte und Kommissionen. Integration von Partikularinteressen. In: ders. (Hrsg.): Politische Beteiligung, Wiesbaden: VS Verlag für Sozialwissenschaften, 107-122

Kivisto, Peter/Faist, Thomas (2007): Citizenship: Discourse, Theory and Transnational prospects. Malden: Wiley-Blackwell

Knapp, Gudrun-Axeli (2005): „Intersectionality" – ein neues Paradigma feministischer Theorie? Zur transatlantischen Reise von „Race, Class, Gender". In: Feministische Studien, 23. Jg, H. 1, 68-81

Leca, Jean (1992): Questions on Citizenship. In: C. Mouffe (Hrsg.): Dimensions of Radical Democracy. London: Verso, 17-32

Linden, Markus (2009): Wissensbasierte Disparität. Die parlamentarisch-parteipolitische und deliberativ-rationale Repräsentation von Migranteninteressen in der Ära Schröder. In: ders., W. Thaa (Hrsg.): Die politische Repräsentation von Fremden und Armen. Baden-Baden: Nomos, 145-179

Meier, Marcus/Scheiterbauer, Tanja (2007): Deutschland als Integrationsland? Anmerkungen zur Islamkonferenz. In: femina politica, 11. Jg, H. 2, 101-103

Modood, Tariq (2008): Multiculturalism and Groups. In: Social Legal Studies, Vol. 17, No. 4, 549-553

Morales, Laura/Anduiza Perea, Eva/Rodriguez Ortiz, Elisa/San Martin, Josep (2009): Capital social, pautas identitarias y actitudes hacia „los otros": la incorporación cívica de la población de origen inmigrante en Barcelona y Madrid. In: Panorama Social: Inmigrantes en España: participacion y convivencia. Nr. 8, 119-143

Odmalm, Pontus (2005): Migration Policies and Political Participation. Inclusion or Intrusion in Western Europe? Houndmills u.a.: Palgrave Macmillan

Phillips, Anne (1995): The Politics of Presence: The Political Representation of Gender, Ethnicity and Race. Oxford: Oxford University Press.

dies. (2007): Multiculturalism without Culture. Princeton, NJ: Princeton University Press

Pitkin, Hannah F. (1967): The Concept of Representation. Berkeley: University of California Press

Schmitter, Phillippe C. (2002): Participation in Governance Arrangements. In: Grote/Gbkipi, 51-69

Schnapper, Dominique (1998): Community of Citizens: On the Modern Idea of Nationality. New Brunswick: Transaction Publishers

Schneider, Jan (2009): Pro Zuwanderung – pro Zuwanderer? Chancen und Grenzen der Repräsentation von Zuwandererinteressen in der Beratung von Migrationspolitik: Die Süssmuth-Kommission im Kontext. In: M. Linden, W. Thaa (Hrsg.): Die politische Repräsentation von Fremden und Armen. Baden-Baden: Nomos, 119-144

Schuster, Liza/Solomos, John (2002): Rights and Wrongs across European Borders: Migrants, Minorities and Citizenship. In: Citizenship Studies, Vol. 6, No. 1, 37-54

Sen, Amartya (2007): Die Identitätsfalle. Warum es keinen Krieg der Kulturen gibt. 3. Aufl., München: Beck

Siefken, Sven T. (2009): Politikberatung durch Expertenkommissionen – Chance oder Risiko für die Inklusion schwacher Interessen? In: M. Linden, W. Thaa (Hrsg.): Die politische Repräsentation von Fremden und Armen. Baden-Baden: Nomos, 99-118

Soysal, Yasemin Nuhoglu (1994): Limits of Citizenship. Migrants and Postnational Membership in Europe. Chicago-London: University of Chicago Press

Squires, Judith (2007): The Challenge of Diversity: The Evolution of Women's Policy Agencies in Britain. In: Politics & Gender, Vol. 3, No. 4, 513-530

dies. (2008): Multiculturalism, Multiple Groups and Inequalities. In: Social Legal Studies, Vol. 17, No. 4, 535-542

Thaa, Winfried/Linden, Markus (2008): Entpolitisierung durch deliberative Rationalisierung? Manuskript, DVPW 3-Ländertagung, 23.11.2008, Osnabrück

Thompson, Simon (2008): Multiculturalism without Multiple Cultures? In: Social Legal Studies, Vol. 17, No. 4, 543-547

Valchars, Gerd (2006): Defizitäre Demokratie. Staatsbürgerschaft und Wahlrecht im Einwanderungsland Österreich. Wien: Braumüller

Vertovec, Steven (2007): Super-diversity and its implications. In: Ethnic and Racial Studies, Vol. 30, No. 6, 1024-1054

Wüst, Andreas/Heinz, Dominic (2009): Die politische Repräsentation von Migranten in Deutschland. In: M. Linden, W. Thaa (Hrsg.): Die politische Repräsentation von Fremden und Armen. Baden-Baden: Nomos, 201-218

Zapata-Barrero, Ricard (2006): The Muslim Community and Spanish Tradition. Maurophobia as a fact, and impartiality as desideratum. In: ders., T. Modood, A. Triandafyllidou (Hrsg.): Multiculturalism, Muslims and Citizenship. London: Routledge, 143-161

Zinterer, Tanja (2007): Interessenrepräsentation von Migranten: Von der Süssmuth-Kommission zum Integrationsgipfel. In: W. Thaa (Hrsg.): Inklusion durch Repräsentation. Baden-Baden: Nomos, 149-166

Stärkung von Arbeiterinteressen durch soziale Vergabekriterien im öffentlichen Beschaffungswesen

Christoph Scherrer, Andreas Hänlein, Miriam Heigl & Claudia Hofmann

Einleitung

Lohnabhängige können angesichts der starken Arbeiterbewegung im 20. Jahrhundert nicht ohne weiteres als eine gesellschaftliche Gruppe angesehen werden, die ihre Interessen nur schwer artikulieren und durchsetzen kann. Doch schwächt die Globalisierung die organisierte Arbeiterschaft selbst in den reichen Industrieländern, und im tertiären Sektor vermögen es die Beschäftigten nur bedingt, sich zu organisieren. In den ärmeren Ländern fehlt es weithin an einem wirksamen arbeitsrechtlichen Schutz. Diese Länder leiden unter einem großen Angebotsüberhang der Ware Arbeitskraft, nicht zuletzt aufgrund der Verdrängung der Subsistenzlandwirtschaft, durch die Menschen in großer Zahl aus traditionellen Bindungen gelöst werden.

Gerade der neuen Arbeiterschaft wird in etlichen Ländern die kollektive Artikulation ihrer Interessen unter Verstoß gegen das Völkerrecht versperrt. Vereinigungsfreiheit und das Recht auf Kollektivverhandlungen sind in vielen Ländern nicht gesichert oder gelten nur eingeschränkt (selbst in den USA). Doch auch dort, wo diese Rechte gelten, ist eine wirksame Interessenartikulation vielfach nicht sichergestellt. Einer wirksamen Artikulation der Interessen der Arbeiterschaft stehen insbesondere entgegen ein dauerhaftes Überangebot an Arbeitskräften, geringe Schulbildung sowie unzureichende Vertrautheit mit den politischen Gegebenheiten am Arbeitsort.

Versuche, mittels einer sozialen Konditionalisierung des Welthandels auf die Arbeitsbedingungen in solchen Ländern Einfluss zu nehmen, waren bislang nur sehr begrenzt erfolgreich (Scherrer et al. 2009). So lag es nahe, sich wieder an das öffentliche Beschaffungswesen als ein Instrument zur Sicherung bzw. Durchsetzung sozialer Rechte und Standards zu erinnern. Die öffentliche Hand ist fast überall präsent, verfügt über eine hohe Marktmacht und kann dort als Vorbild fungieren, wo sie über Verfahren oder Ergebnisse legitimiert ist. Auf internationaler Ebene war dieser Ansatz bereits 1949 aufgegriffen worden. Damals wurde die ILO-Konvention Nr. 94 verabschiedet, die die Berücksichtigung bestimmter Arbeitsstandards im Rahmen der Vergabe öffentlicher Aufträge zum Inhalt hat. Die ILO-

Mitgliedsstaaten, die dieses Übereinkommen ratifiziert haben, verpflichten sich damit, in im Rahmen der Beschaffungstätigkeit der öffentlichen Hand geschlossene Verträge Klauseln aufzunehmen, „die den beteiligten Arbeitnehmern Löhne (einschließlich Zulagen), eine Arbeitszeit und sonstige Arbeitsbedingungen gewährleisten, die nicht weniger günstig sind, als die Bedingungen, die im gleichen Gebiet für gleichartige Arbeit in dem betreffenden Beruf oder in der betreffenden Industrie gelten (...)" (Art. 2 Abs. 1 ILO Übereinkommen Nr. 94). Derzeit versucht die ILO, diese Konvention zu aktualisieren und ihr damit verstärkt Geltung zu verschaffen (ILO 2008b).

Die Nutzung des öffentlichen Beschaffungswesens zur Stärkung von Arbeiterrechten ist jedoch politisch höchst umstritten. Ihre juristische und wirtschaftliche Legitimation wird vielfach angezweifelt. Wir gehen davon aus, dass die Beantwortung der Fragen nach Berechtigung und Wirksamkeit einer solchen sozialen Konditionalisierung des öffentlichen Beschaffungswesens jedoch von der konkreten Ausgestaltung und Umsetzung der sozialen Vergabekriterien abhängt, sprich von der ‚Governance' des öffentlichen Beschaffungsverfahrens.

Der Artikel wird die Konstellationen beschreiben, in denen die Sozialkategorie ‚Lohnabhängige' als Gruppe mit ‚schwachen Interessen' gelten kann. Er wird sodann darstellen, weshalb aus rechtlicher Sicht gestritten wird, ob soziale Vergabekriterien akzeptiert werden können. Anschließend werden Fragen hinsichtlich der Umsetzungskosten, der Berücksichtigung unterschiedlicher Grade von Staatlichkeit und Auswirkungen auf die Arbeitsmärkte thematisiert.

Interessen Lohnabhängiger als ‚schwache Interessen'?

Zur Beurteilung, ob die Interessen gewisser Kategorien von Menschen als ‚schwach' gelten können, ist die Begriffswahl für diese Kategorien nicht unerheblich. In seinem grundlegenden Beitrag zur Debatte um ‚schwache Interessen' definiert Frank Nullmeier Nichterwerbsinteressen als ‚schwach' im Gegensatz zu Erwerbsinteressen, weil letztere über eine „deutlich höher ausgeprägte Organisations- und Konfliktfähigkeit" verfügten (2000: 95). Sein Argument ist durchaus plausibel, doch verdeckt seine Begriffswahl Machtasymmetrien unter den Erwerbsinteressen, die uns in kapitalistisch verfassten, vom Verhältnis von Kapital und Arbeit geprägten Gesellschaften bedeutsam erscheinen. Dieses Verhältnis wird im deutschen Arbeitsrecht angesprochen, indem zwischen Arbeitgebern und Arbeitnehmern differenziert wird. Doch die gesetzlichen Begriffe stellen die Machtasymmetrien auf den Kopf, denn diejenigen, die ihre Arbeitskraft verausgaben, werden als Arbeitnehmer bezeichnet. Wir unterteilen deshalb die Gruppe der Erwerbsinteressen in solche der Unternehmen (Beschäftigter) und solche der Lohnabhängigen, die die Gruppe der Beschäftigten, aber auch der Arbeitsuchenden umfasst. Diese Begriffswahl ist natürlich gleichfalls nicht wertfrei, denn der Begriff suggeriert, dass Lohnabhängige vom Verkauf ihrer Arbeitskraft abhängig sind.

Ausgangspunkt unserer Überlegungen ist denn auch entsprechend, dass Lohnabhängige gegenüber den Unternehmen ‚schwach' sind. Je weniger Alternativen sie außerhalb der Lohnarbeit oder innerhalb der Lohnarbeit besitzen, umso schwächer ist ihre Position gegenüber Unternehmen. Sie können dann weniger gut ‚warten', sprich ihre Arbeit zurückhalten, um eine stärkere Verhandlungsposition einzunehmen (Freeman/Medoff 1984). Zu den Alternativen zur Lohnarbeit zählt traditionell die Parzellenlandwirtschaft, die angesichts des enormen Bevölkerungswachstums im Industriezeitalter jedoch immer weniger Menschen zur Verfügung steht (ILO 2008a). Im wachsenden Dienstleistungssektor entstehen heutzutage dank der Fragmentierung der Wertschöpfungsketten neue Möglichkeiten der Selbstständigkeit. Inwieweit sich diese jedoch tatsächlich von Lohnarbeit unterscheiden, ist Gegenstand lebhafter Debatten (Pongratz/Voß 2003; Faust 2002). Unabhängig von der juristischen Unterscheidung zwischen Selbstständigkeit und Unselbstständigkeit, wird u.E. die Abgrenzung zur Lohnarbeit durch das Verhältnis von Angebot und Nachfrage bestimmt, was wiederum von der Austauschbarkeit der jeweiligen Selbstständigen beeinflusst wird. Verfügen jene über Qualifikationen, die nachgefragt werden, aber nicht so leicht von anderen erworben werden können, dann ist eher von ‚echter' Selbstständigkeit auszugehen. In der heutigen ‚immateriellen' Ökonomie ist die Frage des Besitzes an Produktionsmitteln nicht mehr eine, die sich an sicht- und fühlbaren Gegenständen misst, sondern sie kann sich auch auf spezifisches Know-how erstrecken (Castells 1996; Reich 1991).

Temporär kann das Warten durch solidarisches Handeln ermöglicht werden. Durch vorhergehendes Sparen und/oder Spenden durch nicht unmittelbar Betroffene und/oder starke Verzichtsbereitschaft können Gruppen von Lohnabhängigen durch Zurückhaltung ihrer Arbeitskraft, sprich Streik, ihre Verhandlungssituation gegenüber den Unternehmen verbessern. Der Erfolg solcher Aktionen ist von Arbeitsmarkt- und politischen Konstellationen abhängig. Auf dem Arbeitsmarkt stellt sich die Fähigkeit des Wartenkönnens wiederum als eine Frage der Austauschbarkeit dar. Je geringer die Qualifikation, desto wahrscheinlicher ist ein höherer Grad von Austauschbarkeit, da der benötigte Qualifikationserwerb wenig Zeit in Anspruch nimmt (Hyman 1989).

In der Auseinandersetzung mit der Arbeiterbewegung in den reichen Industrieländern entstand die Institution des Reservelohns, d. h. sozialstaatliche Leistungen, die im Falle von Krankheit, Alter und Arbeitslosigkeit ein Einkommen sichern, was den Druck, die Arbeitskraft auf dem Markt anzubieten, mehr oder weniger abmildert. Diese staatlich organisierte Solidarität, der Sozialstaat, stärkt die Lohnabhängigen gegenüber den Unternehmen, entsprechend ist die Höhe des Reservelohns politisch stark umstritten (Scharpf 2000).

Der staatlich organisierte Reservelohn weist generell auf die Bedeutung staatlichen Verhaltens für die Stellung der Lohnabhängigen am Arbeitsmarkt und für deren Fähigkeit zum kollektiven Handeln hin. Zu Beginn der Industrialisierung unterdrückte der Staat kollektives Handeln von Lohnabhängigen, während die Vereinigung von ‚Beschäftigern' in Form von Kapitalgesellschaften und von Absprachen der Personalabteilungen erlaubt war. Dies gilt auch für frühe demokratische Staaten, in denen zwar dem männlichen Teil der Lohnabhängigen das Wahlrecht zugestanden wurde, nicht aber die gewerkschaftliche Vereinigungsfreiheit (Lichtenstein 1992).

Die politische Artikulationsfähigkeit wird ebenso durch die Verfügung über Zeit beeinflusst. Wenn der Kampf ums Überleben den ganzen Tag ausfüllt, dann fehlt die Zeit sowohl für den Erwerb der für eine erfolgreiche Artikulation der Interessen notwendigen Qualifikationen als auch für die Ausübung politischer Teilhabe. Diese Personen, aber auch jene, die am Arbeitsmarkt weitgehend austauschbar sind, können sich dann eher über disruptive, die geltende Ordnung missachtende Formen des Protests Verhör verschaffen. Diese Formen können durchaus erfolgreich sein (Piven/Cloward 1979), treten jedoch zumeist eruptiv, spontan und gewaltförmig auf. Allerdings verschaffen sie gemäßigteren, artikulationsfähigeren Gruppen politischen Spielraum, da letztere sich nun gegenüber den Kräften des Status quo als die vernünftigere Alternative zur radikalisierten ‚Straße' präsentieren können (Tronto 1991).

Insgesamt gilt, dass im Kapitalismus Lohnarbeit strukturell ‚schwach' ist, da sie per Definition nicht über die Produktionsmittel verfügt. Jedoch können Lohnabhängige durch kollektives Handeln auf dem Arbeitsmarkt und im politischen System Machtpositionen erringen. Nachgefragte, nur mit Aufwand zu erwerbende Qualifikationen können dabei als Machtressourcen dienen. Errungene Machtpositionen auf dem Markt können den Machterwerb im politischen System begünstigen, und umgekehrt. Inwiefern die Interessen von Lohnabhängigen als ‚schwache Interessen' gelten können, ist situativ abhängig von ihrer Stellung auf dem Arbeitsmarkt, ihrer Verankerung in zivilgesellschaftlichen und politischen Institutionen und ihrer Fähigkeit, Diskurse zu beeinflussen.

Derzeitige Momente der ‚Schwäche' der Lohnabhängigen

Auf allgemeinster Ebene können die Auswirkungen der gegenwärtigen Globalisierung als eine Verschiebung der Kräfteverhältnisse zu Gunsten der mobileren Elemente in der Gesellschaft gewertet werden. Mobilität verschafft den einzelnen Akteuren eine weitere Option, nämlich die Möglichkeit, den jeweiligen Ort zu verlassen (Exit). Dies bedeutet, dass sich die Angewiesenheit auf andere gesellschaftliche Kräfte verringert und entsprechend die Verhandlungsmacht wächst. Mit Ausnahme der hoch qualifizierten Arbeitskräfte, die sich bei entsprechender Mobilität ihre am Markt knappen Fähigkeiten gut bezahlen lassen können, ist die Masse der Bevölkerung gleich doppelt negativ von dieser Kräfteverschiebung betroffen. Zum einen als Lohnabhängige, denn ihre familiären Einbindungen machen sie weniger mobil als das Kapital. Ihnen können lohn- und arbeitszeitpolitische Zugeständnisse abgerungen werden. Zum anderen als Bürgerinnen und Bürger von territorial definierten Gemeinwesen, denn letztere sind per Definition nicht mobil und können somit der Exit-Option wenig entgegenhalten. Ihr Anteil an der Steuerlast steigt – bei gleichzeitigen staatlichen Leistungskürzungen (Mosebach 2005). Nur durch Absprachen zwischen den jeweils weniger mobilen Kräften kann dieser Kräfteverschiebung begegnet, ein Gegeneinanderausspielen verhindert werden (Scherrer 2006).

Eine Vertiefung der internationalen Arbeitsteilung und damit der jeweiligen Spezialisierung sowie der sich daraus ergebende Wettbewerbsdruck steigern die Arbeitsproduktivität. Steigende Arbeitsproduktivität ist die Quelle materiellen Reichtums, sie erhöht Verteilungsspielräume. Wem diese Spielräume jedoch zugute kommen, hängt in komplexer Weise von Macht und Knappheitsgraden ab. Trotz rasanter Industrialisierung hat die Masse des globalen Südens einkommensmäßig noch lange keinen Anschluss an den Norden gefunden (Sengenberger 2006). Zum einen ist dies Folge des Angebotsschocks an Arbeitskräften auf dem Weltmarkt durch die Öffnung zuerst von China, dann aller Gebiete unter ehemals sowjetischem Einfluss und schließlich Indiens gegenüber dem Weltmarkt (Polaski 2004). Allein in Deutschland setzte die Währungsunion im Zuge der Wiedervereinigung auf einen Schlag ca. 5 Millionen Arbeitskräfte frei. Somit wuchs der weltweite Pool an Arbeitskräften nicht nur durch die klassische Freisetzung der in der traditionellen Landwirtschaft gebundenen Arbeitskräfte, sondern durch die Einbringung bisher abgeschotteter industrieller Belegschaften in den Weltmarkt. Entsprechend erhöhte sich die Konkurrenz nicht nur für gering qualifizierte Arbeitskräfte. Selbst in einzelnen Bereichen des Ingenieurwesens kam es zu einem Überangebot an Arbeitskräften.

Aufgrund der starken Institutionalisierung des Lohnarbeitsverhältnisses in Westeuropa führte der Angebotsüberhang nicht unmittelbar zu einer allgemeinen Schwächung der Lohnabhängigen. Doch nicht zuletzt im Tandem mit der Ausbreitung einer dem kollektiven Handeln von Lohnabhängigen feindlich gegenüberstehenden Wirtschaftsideologie (Neoliberalismus) ist es selbst im hoch verregelten Deutschland zu einer Aushöhlung der Tarifverträge und der Ausbreitung prekärer Beschäftigungsverhältnisse gekommen (Dörre 2005). Die derzeitige Weltwirtschaftskrise droht die Konkurrenz unter den Arbeitskräften noch zu verschärfen. Das Spektrum der Betroffenen ist breit. Es umfasst die Beschäftigten der US-Automobilindustrie, die nicht nur Arbeitsplätze verlieren, sondern durch das Insolvenzverfahren nach Chapter 11 des US Bankruptcy Codes zudem empfindliche Einschnitte in das von den Autokonzernen getragene soziale Absicherungssystem hinnehmen müssen (Vlasic 2009). Dazu gehören auch die Abfallpapiersammler in den Slums von Mumbai. Letztere leiden unter dem Nachfrageeinbruch für Karton als Verpackungsmaterial für Exporte aus China, der die Preise für Altpapier deutlich fallen ließ (Jhabvala 2009). In Deutschland erfasst die Krise insbesondere die Belegschaften der erfolgsverwöhnten Exportindustrie, wobei ein erstaunliches Ausmaß an temporärer Beschäftigung sichtbar wird. Die Beschäftigten der Zeitarbeitsfirmen sind die ersten, die entlassen wurden (Brehmer/Seifert 2009).

Insgesamt schwächt die Globalisierung in ihren mannigfaltigen Formen die Verhandlungsmacht derjenigen, deren Qualifikationen auf dem Markt verhältnismäßig leicht austauschbar sind. Noch verwundbarer sind diejenigen, die zudem wegen fehlender Staatszugehörigkeit über keine politische Vertretung verfügen und mit den örtlichen politischen Gegebenheiten weniger vertraut sind, sprich MigrantInnen (siehe den Beitrag von Ruß et al. in diesem Band). Angesichts der Aushöhlung der Tarifverträge werden unter anderem Forderungen nach einem politisch gesetzten Mindestlohn erhoben. Zusätzlich wird das öffentliche Beschaffungswesen als Durchsetzungsinstrument wieder entdeckt.

Soziale Vergabekriterien im öffentlichen Beschaffungswesen

In der internationalen Debatte zur Nutzung des öffentlichen Beschaffungswesens zur Verfolgung sozialer Ziele ist die bereits erwähnte ILO-Konvention Nr. 94 zentraler Bezugspunkt. Sie wurde allerdings von nur 59 der 183 Mitgliedstaaten der ILO ratifiziert (nicht von Deutschland); ihre Implementierung wird von noch weniger Ländern ernsthaft betrieben. Auf der Internationalen Arbeitskonferenz der ILO im Jahr 2008 wurde ihre Aktualität und Wirkungsmächtigkeit mit dem Ergebnis diskutiert, dass erstens die Konvention reformiert werden soll, um bestimmte Themen, die 1949 noch keine Berücksichtigung erfuhren, aufzugreifen. Hierzu zählen Anti-Diskriminierungs-Vorgaben und der Umgang mit grenzüberschreitenden Produktionsketten und Dienstleistungen. Zweitens wurde angeregt, die konkreten Probleme bei der Umsetzung, dem Monitoring und der Sanktionierung der Klausel zu erforschen, indem nach Beispielen von ‚Best Practice' gesucht wird (ILO 2008b; Hoffer 2008).

Während die Debatte zur ILO-Konvention Nr. 94 um soziale Vergabekriterien geführt wird, die in allen Ländern gelten sollen, findet in Deutschland die Auseinandersetzung um das öffentliche Beschaffungswesen als Mittel zur Erreichung sozialer Zwecke im Kontext des nationalen und des europäischen Rechts statt. Die Forderung nach Tariftreuebindungen für in der jeweiligen Region erbrachte Leistungen ist juristisch und gesellschaftspolitisch stark umstritten. Das Urteil des Europäischen Gerichtshofs zum Gebot der ‚Tariftreue' bei der Vergabe öffentlicher Aufträge (‚Rüffert-Urteil') hat die Hoffnungen auf das Instrument öffentliche Beschaffung gedämpft (siehe unten).

Sowohl der Beschluss der Internationalen Arbeitskonferenz zur Aktualisierung der ILO-Konvention Nr. 94 als auch die durch das so genannte Rüffert-Urteil bedingte Rechtsunsicherheit bei der sozialen Konditionierung der Vergabe legen eine fundierte wissenschaftliche Befassung mit den Möglichkeiten und Grenzen, die Marktmacht des Beschaffungswesens für soziale Zwecke einzusetzen, nahe. Die zentralen Fragen in Bezug auf soziale Vergabekriterien beziehen sich a) auf ihre rechtliche Zulässigkeit, b) auf ihre Wirksamkeit, und c) auf ihr Kosten-Nutzen-Verhältnis. Letzteres ist bedeutsam, da die Allgemeinheit der Lohnabhängigen mit diesem Instrument ihren prekären Teil sichert, während sie als Steuerzahler zugleich von eventuell höheren Kosten und als Konsumenten staatlicher Leistungen von eventuell schlechterer Qualität der öffentlich beschafften Güter und Dienstleistungen betroffen wäre.

Die juristische Debatte um die Zulässigkeit von Sozialklauseln in der öffentlichen Vergabe

Der Einsatz sozialer Kriterien im öffentlichen Beschaffungswesen führt zu Wertungskonflikten zwischen den Freiheitsrechten der Unternehmen und den hinter den besagten Kriterien stehenden sozialen Anliegen. Diese Wertungskonflikte sind sowohl in Form gerichtlicher Verfahren wie auch in der wissenschaftlichen Diskussion teilweise heftig ausgetragen worden, und zwar auf unterschiedlichen Ebenen.

Die Diskussion aus Sicht des deutschen (Verfassungs-)Rechts ist zu einem gewissen Abschluss gekommen, seit das Bundesverfassungsgericht im Jahr 2006 die

Verwendung von Tariftreueklauseln auf der Grundlage des Vergabegesetzes des Landes Berlin als verfassungsgemäß beurteilt hat (BVerfG 2006). Aus europarechtlicher Sicht wird die Zulässigkeit sozialer Vergabekriterien wissenschaftlich seit längerem diskutiert (u.a. Bovis 2006; Prieß 2005; Wiedmann 2007). Durch die Aufnahme sozialer Belange in die EU-Vergabe-Richtlinien 2004/17/EG und 2004/18/EG wurde zwar eine sich in der Rechtsprechung des EuGH und in den Mitteilungen der Kommission (Rittner 1999: 677) abzeichnende Tendenz in die Gesetzgebung übernommen und der Streit grundsätzlich im Sinne der Zulässigkeit solcher Belange entschieden. Soweit es jedoch um die Durchsetzung konkreter Arbeitsbedingungen geht, gilt mit der Richtlinie zur Entsendung von Arbeitnehmern aus dem Jahr 1996 ein Sonderregime, dem es um einen Ausgleich der rechtlich geschützten Interessen grenzüberschreitend tätiger Unternehmen mit denjenigen der Arbeitnehmer geht. Danach sollen die EU-Mitgliedstaaten einen Kern zwingender Bestimmungen über ein Mindestmaß an Arbeitnehmerschutz definieren. Der Europäische Gerichtshof hat die Richtlinie so interpretiert, dass das tarifliche Lohnniveau nicht ohne weiteres zu diesem Kern gehört und deshalb auch nicht ohne weiteres mit den Mitteln des Vergaberechts durchgesetzt werden kann (EuGH, Urteil v. 3.4.2008, sog. ‚Rüffert-Urteil'). Dieses Urteil hat lebhafte Diskussionen ausgelöst (vgl. Hänlein 2008). Es zeigt, dass es für die rechtliche Zulässigkeit sozialer Vergabekriterien sehr auf deren Ausgestaltung im Detail ankommt.

Für den Bereich des Völkerrechts fehlt es an autoritativen Klärungen des Konflikts zwischen einem freien Welthandel und der Durchsetzung sozialer Rechte durch übergeordnete gerichtliche Instanzen. Dementsprechend besteht nach wie vor Uneinigkeit hinsichtlich der Frage der Zulässigkeit sozialer Vergabekriterien (vgl. Odendahl 2004: 651; Herrmann/Weiß/Ohler 2007: 489 f.; Kaufmann 2007: 226-232). Ausdrückliche Bestimmungen zur Problematik fehlen bislang. Im Rahmen des *General Agreement on Tariffs and Trade* (GATT) wurde von Bestimmungen hinsichtlich öffentlicher Beschaffung bewusst abgesehen. Erst 1996 trat mit dem *Government Procurement Agreement* (GPA) auf WTO-Ebene ein Handelsübereinkommen in Kraft, das sich mit dieser Thematik beschäftigt. Bisher haben es 42 Staaten von 153 ratifiziert. Hinsichtlich sozialer Vergabekriterien enthält das GPA jedoch keine ausdrücklichen Regeln. Ebenso existieren keine verwertbaren gerichtsförmigen Entscheidungen zu dieser Fragestellung. Dennoch befindet sich die Situation auf völkerrechtlicher Ebene im Umbruch, da seit 2007 ein Reformvorschlag für das GPA vorliegt, der die Verfolgung von so genannten Sekundärzwecken explizit zulassen soll (Herrmann/Weiß/Ohler 2008: 490). Vor dem Hintergrund der geplanten Reaktivierung der Konvention Nr. 94 der ILO stellt sich nun die Frage nach dem Zusammenspiel der konfligierenden Regimes internationalen Rechts, einerseits der globalen Handelsregeln der WTO, andererseits der globalen Regeln sozialen Schutzes der ILO, erneut in besonderer Schärfe.

Kosten der Umsetzung sozialer Vergabekriterien

Die Kritik an sozialen Vergabekriterien umfasst auch die Möglichkeiten ihrer Implementierung. Sie stammt vor allem von Autoren des New Public Managements, die die Neuausrichtung staatlichen Verwaltungshandelns an betriebswirtschaftlichen Effizienzkriterien postulieren (Schedler 2007: 265f.). Grundsätzlich sollte sich aus dieser Perspektive der Staat von der eigenen Erbringung von Dienstleistungen verabschieden und für seine KundInnen, sprich den BürgerInnen, die kostengünstigsten Dienstleistungen einkaufen oder ihnen diese vermitteln. Die Berücksichtigung von Zielen jenseits von Effizienz widerspreche der präferierten Kundenorientierung (World Bank 2003a).

Desweiteren wird an sozialen Vergabekriterien kritisiert, dass sie hohe Transaktionskosten in Form von Monitoring und Sanktionen verursachten. Das Transaktionskostenargument entstammt der Prinzipal-Agent-Theorie. Diese beruht auf der Annahme, dass im Falle von komplexen und über einen längeren Zeitraum zu erbringenden Gütern aufgrund begrenzter Rationalität Verträge zwischen Auftraggeber (Prinzipal) und Auftragnehmer (Agent) zumeist unvollständig ausfallen. Es verbleiben Interpretationsspielräume hinsichtlich der von den kontrahierenden Parteien eingegangenen Verpflichtungen (Héritier/Lehmkuhl 2008: 4). Übertragen auf Regulierungsbehörden bedeutet diese Annahme, dass sich die regulierten Unternehmen, zum Beispiel Bauunternehmen (Agenten), aufgrund eines Informationsvorsprungs hinsichtlich der erwartbaren Kosten der effektiven Kontrolle der Regulierungsbehörde (Prinzipal) entziehen können (Collier/Hoeffler 2005). Um diesen Informationsvorsprung des Agenten durch die eigene Expertise so gering wie möglich zu halten, sind umfassende Überwachungs- und Sanktionsmechanismen notwendig (Fiebig/Junker 2004). Sozialklauseln würden entsprechend die Interpretationsspielräume erhöhen und somit umfangreichere Monitoring- und Sanktionsmaßnahmen erforderlich machen. Deshalb sollte auf Sozialklauseln verzichtet werden. Die dadurch erzielten Ersparnisse sollten eher direkt für die jeweiligen sozialen Ziele verwandt werden, z.B. für die Armutsbekämpfung (World Bank 2003b: 4).

Kritiker des New Public Management halten diesem die Überbetonung von Transaktionskosten vor, die häufig zu einer Abkehr von Überwachungsmechanismen führt. Aufgrund von Sparmaßnahmen wird beispielsweise vom Vier-Augen-Prinzip bei der Erstellung von Ausschreibungen Abstand genommen. Das New

Public Management ist daher nach Auffassung von Fiebig/Junker (2004: 169) im Hinblick auf die Tatverhinderung und die Prävention geradezu kontraproduktiv. Schedler sieht ebenfalls im Bereich der Überwachung und der Sanktionierung Defizite des New Public Management (2007: 263). Die Bewertung der Kosten von Sozialklauseln in der öffentlichen Beschaffung halten andere für ein mit großen Unsicherheiten behaftetes Unterfangen (Hamburger Senat 2007: 12; Golembiewski/Migalk 2005: 27ff.). So ist nicht auszuschließen, dass beim Einbezug weiterer Stakeholder wie VertreterInnen der Beschäftigten die Kosten des Monitorings für die öffentliche Hand sinken könnten.

Einige Autoren weisen zudem darauf hin, dass es sich beim Staat nicht um eine privatwirtschaftliche Organisation handelt. Seine Rolle besteht vornehmlich darin, die Interessen des Gemeinwesens zu repräsentieren. Diese Gemeinwohlorientierung sollte den Kontext staatlichen Verwaltungshandelns bilden. Der Staat ist somit für die Erbringung von ‚public value' zuständig (Erridge 2007: 1028ff.). Entsprechend sollte sich die staatliche Vergabepraxis nicht allein am Erwerb des preisgünstigsten Produkts orientieren. Vielmehr ist es die Aufgabe des Staates, für eine Internalisierung von Externalitäten zu sorgen: Wenn Privatisierung und Deregulierung stärker als andere Formen der Erbringung von öffentlichen Dienstleistungen für weniger soziale Gerechtigkeit sorgen (negativer externer Effekt), dann stellen Sozialklauseln im öffentlichen Vergabewesen eine Möglichkeit dar, diese externen Effekte zu internalisieren (McCrudden 2007: 122-127). In diesem Spannungsfeld – der effizienteren Gestaltung öffentlichen Verwaltungshandelns einerseits sowie der Verbesserung und dem Ausbau der staatlichen Kapazitäten im Bereich des Monitorings und der Sanktionierung andererseits – ist die Einführung von Sozialklauseln in der öffentlichen Vergabe verortet.

Die Berücksichtigung unterschiedlicher Staatlichkeit bei der Vergabepraxis

Die ILO-Konvention Nr. 94 besitzt universellen Geltungsanspruch. Sie soll in allen Ländern Anwendung finden. Doch ist die Staatenwelt von einem Entwicklungsgefälle geprägt, das sich nicht nur auf wirtschaftliche Leistungsfähigkeit beschränkt, sondern auch die Kapazität der einzelnen Staaten umfasst, Gesetzen und Regierungshandeln Geltung zu verschaffen. Nimmt die ILO-Konvention auf diese Unterschiede Rücksicht? Hinsichtlich des wirtschaftlichen Entwicklungsgefälles kann diese Frage bejaht werden. Die vorgeschriebenen Mindestlöhne richten sich nicht nach einem internationalen Standard, sondern nach den lokalen Gegebenheiten. Auch hinsichtlich der Umsetzung ist die ILO-Konvention nicht an einen bestimmten Typ von Staatlichkeit gebunden, doch dies geht auf Kosten einer Spezifizierung ihrer Umsetzung. Soll jedoch dieses Instrument gestärkt werden, dann bedarf es einer genaueren Ausführung seines Einsatzes, dann muss den jeweiligen Graden an Staatlichkeit (Steuereffizienz, Rechtsstaatlichkeit, Verwaltungsverständnis) Rechnung getragen werden.

Dies wird besonders deutlich am Good-Governance-Ansatz der Weltbank. Diese hat zu den zentralen Elementen des ‚guten Vergabewesens' konkrete Vorgaben erarbeitet. Demnach funktioniert ein öffentliches Vergabesystem dann gut, wenn Transparenz, Wettbewerb, ökonomische und effiziente Handhabung, Fairness und Rechenschaftspflicht gewährleistet sind (World Bank 2008). Doch ihr ‚one-size-fits-all'-Ansatz, der auf historische und regionale Spezifika keine Rücksicht nimmt, läuft Gefahr, dass die mangelnde Berücksichtigung solcher Spezifika kontraproduktiv wirkt. Falls beispielsweise das für die Vergabe zuständige Verwaltungspersonal nur über einen geringen Bildungsgrad verfügt, ist ein sehr zeitintensives Training notwendig, um diese Personen mit den komplexen, internationalen Vergabestandards vertraut zu machen. Dadurch kann der Verwaltungsablauf nachhaltig gestört werden (McDonald 2008).

Unterschiedliche Grade von Staatlichkeit sind das Resultat spezifischer historischer Prozesse im Inneren einer Gesellschaft und im Rahmen des Weltmarktzusammenhangs. Schlichte (2005: 276-284) unterscheidet starke und schwache Staaten wie folgt: Das Gewaltmonopol ist im Falle schwacher Staaten nicht umfassend durchgesetzt, es hat keine wirkliche Monopolisierung des legitimen Gebrauchs physischer Gewalt nach innen stattgefunden. Schwache Staaten sind keine Steuerstaaten. Der Anteil der direkten Steuern an den öffentlichen Einnahmen liegt bei diesen Staaten weit unterhalb dessen der starken Staaten. Schwache Staaten sind gekennzeichnet durch ihre Wehrlosigkeit gegenüber Partialinteressen. Sie verfügen gegenüber starken internen oder externen Gruppierungen nur über eine geringe Autonomie. Zudem weisen schwache Staaten erhebliche Defizite im Bereich der Rechtsstaatlichkeit auf. Von besonderem Interesse für die Forschung zu sozialer Vergabepraxis ist, dass in schwachen Staaten die Durchsetzungsmöglichkeiten von Recht eingeschränkt sind. Schließlich ist in schwachen Staaten die Herrschaft stärker personalisiert als in starken Staaten. Daher unterscheiden sich das Selbstverständnis und die Rolle der Verwaltung erheblich.

Auswirkungen von Sozialklauseln auf den Wettbewerb

In der wissenschaftlichen Diskussion ist umstritten, welche Auswirkungen Sozialklauseln auf die Wettbewerbsmärkte in der öffentlichen Vergabe haben. In der neoklassischen Orthodoxie werden Sozialstandards als Ineffizienzen charakterisiert

(Bhagwati 1996). So lehnt die Weltbank Sozialklauseln im öffentlichen Vergabewesen mit dem Argument ab, dass hierdurch solche Anbieter diskriminiert werden, die nicht bereit sind, sich an die geforderten sozialen Kriterien anzupassen, obwohl sie ihr Produkt am preisgünstigsten anbieten. Die Weltbank sieht die Gefahr gegeben, dass durch Sozialklauseln Verzerrungen im Freihandel entstehen und sich Monopole herausbilden (World Bank 2003a: v, 13).

Demgegenüber sehen heterodoxe ÖkonomInnen Eingriffe in die Arbeitsmärkte als wohlfahrtssteigernd an (Freeman 1998). Konkret wird argumentiert, dass erstens der Wettbewerb nicht fair sei, welcher durch eine umfassende Liberalisierung und der Orientierung am günstigsten Preis auf den Vergabemärkten hervorgebracht wird. So zeigt Olivia McDonald, dass sich bei einer umfassenden Liberalisierung und der damit einhergehenden Internationalisierung des Vergabewesens ein ungleicher Wettbewerb zwischen nationalen bzw. lokalen Anbietern und transnationalen Konzernen etabliert, der auf unfairen Wettbewerbsvorteilen für die letztgenannten aufgrund von Steuerbefreiungen, niedrigeren Löhnen und dem besseren Zugang zu Krediten beruht (McDonald 2008: 17-19).

Zweitens wird argumentiert, dass Sozialklauseln den Wettbewerb auf den Märkten für die öffentliche Beschaffung nicht nur fairer gestalten, sondern diesen erst intensivieren würden. Durch die Einführung von Sozialklauseln werden die Marktzugangsbarrieren für (potentielle) Marktteilnehmer gesenkt und so der Wettbewerb erhöht. Der Ausschluss von Sozialstandards einhaltenden Anbietern aus den Märkten für öffentliche Vergabe ist gesamtgesellschaftlich betrachtet negativ, da so ein stärkerer Wettbewerb mit einer größeren Anzahl von Marktteilnehmern unterbunden wird (McCrudden 2007: 126f.).

Fazit

Lohnabhängige, die – im Vergleich zu Unternehmern – ihre Interessen strukturell eher weniger ‚stark' vertreten können, konnten im 20. Jahrhundert durch kollektives Handeln auf dem Arbeitsmarkt und im politischen System Machtpositionen einnehmen. Nicht zuletzt durch die Globalisierung erodieren jedoch diese Machtpositionen bzw. sie sind für die Beschäftigten in Ländern der nachholenden Industrialisierung kaum erreichbar. Wachsende Teile der Lohnabhängigen in den reichen Ländern und ein Großteil der Lohnabhängigen in den armen Ländern können mithin als Gruppen mit ‚schwachen Interessen' bezeichnet werden. Neben anderen Instrumenten werden derzeit soziale Vergabekriterien im öffentlichen Beschaffungswesen zur Sicherung der materiellen Interessen der in diesem Sinne ‚schwachen' Lohnabhängigen diskutiert. Die Diskussion steht jedoch noch am Anfang. Weder ist die rechtliche Zulässigkeit dieses Instruments abschließend geklärt, noch besteht Konsens hinsichtlich seiner Effektivität und Effizienz. Die Skizze der akademischen Kontroversen machte aber zumindest deutlich, dass die offenen Fragen nicht losgelöst vom jeweiligen Kontext diskutiert werden können. Zum einen spielt die inhaltliche und prozedurale Füllung der sozialen Vergabekriterien eine Rolle. Zum anderen ist davon auszugehen, dass der jeweilige wirtschaftliche und politische Kontext entscheidend die Wirksamkeit und das Kosten-Nutzen-Verhältnis beeinflusst. Die damit aufgeworfenen Fragen verdienen es, durch weitere Studien geklärt zu werden.

Literatur

Bhagwati, Jagdish (1996): The Demands to Reduce Domestic Diversity among Trading Nations. In: ders., R.E. Hudec (Hrsg.): Fair Trade and Harmonization. Prerequisites for Free Trade? Vol. 1: Economic Analysis. Cambridge, MA: MIT Press, 9-40

Bovis, Christopher H. (2006): Public Procurement in the European Union: Lessons from the Past and Insights to the Future, in: Columbia Journal of European Law Nr. 12 (2006), S. 53 ff.

Brehmer, Wolfram/Seifert, Hartmut (2009): Sind atypische Beschäftigungsverhältnisse prekär? Eine empirische Analyse sozialer Risiken. In: Zeitschrift für Arbeitsmarktforschung, 41. Jg., H. 4, 501-531

Bundesverfassungsgericht (2006): Beschluss vom 11.7.2006 – 1 BvL 4/400 – (Berliner Vergabegesetz). In: Neue Juristische Wochenschrift 2007, 51-56

Castells, Manuel (1996): The Information Age: Economy, Society, and Culture. Volume 1: The Rise of the Network Society. Oxford: Blackwell Publishers

Collier, Paul/Hoeffler, Anke (2005): Die ökonomischen Kosten der Korruption im Bereich der Infrastruktur. In: Transparency International (Hrsg.): Jahrbuch Korruption 2005. Schwerpunkt: Bau und Wiederaufbau. Berlin: Parthas, 32-41

Dörre, Klaus (2005): Prekäre Beschäftigung – ein unterschätztes Phänomen in der Debatte um die Marktsteuerung und Subjektivierung von Arbeit. In: K. Lohr, H. Nickel (Hrsg.): Subjektivierung von Arbeit. Münster: Westfälisches Dampfboot, 180-206

Erridge, Andrew (2007): Public Procurement, Public Value and the Northern Ireland Unemployment Pilot Project. In: Public Administration Vol. 85, No. 4, 1023-1043

Europäischer Gerichtshof (2008): Urteil vom 3.4.2008 – Rs. C-346/06 – („Rüffert"), in: Zeitschrift für europäisches Sozial- und Arbeitsrecht (7), 300-305

Faust, Michael (2002): Der „Arbeitskraftunternehmer" – eine Leitidee auf dem ungewissen Weg der Verwirklichung. In: E. Kuda, J. Strauß (Hrsg.): Arbeitnehmer als Unternehmer? Hamburg: VSA, 56-80

Fiebig, Helmut/Junker, Heinrich (2004): Korruption und Untreue im öffentlichen Dienst. Berlin: Erich Schmidt Verlag

Freeman, Richard B. (1998): War of the models: Which labour market institutions for the 21st century? In: Labour Economics, Vol. 5, No. 1, 1-24

ders./Medoff, James (1984): What Do Unions Do? New York: Basic Books

Frenz, Walter (2007): Soziale Vergabekriterien. In: Neue Zeitschrift für Baurecht 8. Jg., H. 1., 17-23

Golembiewski, Wojciech/Migalk, Frank (2005): Praxis der Vergabe öffentlicher Bauaufträge unter besonderer Berücksichtigung mittelstandspolitischer Zielsetzungen. Mannheim: IFM

Hänlein, Andreas (2008): Das Rüffert-Urteil des EuGH zum Gebot der „Tariftreue" bei der Vergabe öffentlicher Aufträge. In: Zeitschrift für europäisches Sozial- und Arbeitsrecht 7, 275-282

Hamburger Senat (2007): Evaluierungsbericht zum Hamburgischen Vergabegesetz (HmbVgB), Mitteilung des Senates an die Bürgerschaft, Bürgerschaft der Freien und Hansestadt Hamburg Drucksache 18/7388, 20. November http://www.buergerschaft-hh.de/Parldok/Cache/E0104C6B9884429022F28A0C.pdf, (URL: 24.7.2008)

Herrmann, Christoph/Weiß, Wolfgang/Ohler, Christoph (2007): Welthandelsrecht (2. Auflage). München: C.H. Beck

Héritier, Adrienne/Lehmkuhl, Dirk (2008): The Shadow of Hierarchy and New Modes of Governance. In: Journal of Public Policy Vol. 28, No. 1, 1-17

Hoffer, Frank (2008): IAO Übereinkommen 94. Vortrag auf dem 5. ver.di Workshop Europäische Tarifpolitik ,Tariftreue in Europa – soziale und ökologische Kriterien bei der öffentlichen Auftragsvergabe' vom 1. bis 2. Juli 2008 in Berlin http://www.verdi.de/tarifpolitik/schwerpunkte_themen/europaeische_tarifpolitik/dat a/hoffer_-_iao_uebereinkommen_94.pdf, (URL: 24.7.2008)

Hyman, Richard (1989): The Political Economy of Industrial Relations: Theory and Practice in a Cold Climate. London: Macmillan

International Labour Organisation (2008a): Promotion of rural employment for poverty reduction. International Labour Conference, 97th Session, Report IV, Geneva: ILO

International Labour Organisation (2008b): Labour clauses in public contracts, Geneva: ILO

Jhabvala, Renana (2009): Presentation at the Global Labour University Conference, Mumbai, Febr. 23

Jennert, Carsten (2003): Vergabefremde Kriterien – keine Beihilfen, sondern gemeinwirtschaftliche Pflichten. In: Neue Zeitschrift für Baurecht 8, 417-420

Kaufmann, Christine (2007): Globalisation and Labour Rights. The Conflict between Core Labour Rights and International Economic Law. Oxford-Portland/Oregon: Hart Publishing

Lichtenstein, Nelson (1992): Who Built America: Working People and the Nation's Economy, Politics, Culture and Society, vol. II. New York: American Social History Project

McCrudden, Christopher (2007): Buying Social Justice. Oxford: Oxford University Press

McDonald, Olivia (2008): Buying Power. Aid, Governance and Public Procurement. London: Christian Aid

Mosebach, Kai (2005): Erosion of the Tax Basis. In: S. Beck, F. Klobes, C. Scherrer (Hrsg.): Surviving Globalization? Berlin: Springer, 157-178

Nullmeier, Frank (2000): Argumentationsmacht und Rechtfertigungsfähigkeit schwacher Interessen. In: U. Willems, T. von Winter (Hrsg.): Politische Repräsentation schwacher Interessen. Opladen: Leske und Budrich, 93-112

Odendahl, Kerstin (2004): Die Berücksichtigung vergabefremder Kriterien im öffentlichen Auftragswesen – Rechtslage nach EG- und WTO-Recht. In: Europäische Zeitschrift für Wirtschaftsrecht 15. Jg, H. 21, 647-652

Piven, Frances Fox/Cloward, Richard A. (1979): Poor People's Movements. When They Succeed, How They Fail. New York: Vintage

Polaski, Sandra (2004): Job Anxiety Is Real – and It's Global. Policy Brief, Campaign Edition 30. Washington: Carnegie Endowment for International Peace

Pongratz, Hans.J./Voß, G.Günter (2003): Arbeitskraftunternehmer. Erwerbsorientierungen in entgrenzten Arbeitsformen. Berlin: edition sigma

Prieß, Hans-Joachim (2005): Handbuch des europäischen Vergaberechts, 3. Auflage, Köln: Heymanns

Reich, Robert B. (1991): The Work of Nations. Preparing Ourselves for 21st Century Capitalism. New York: A.E. Knopf

Rittner, Fritz (1999): Die „sozialen Belange" i. S. der EG-Kommission und das inländische Vergaberecht. In: Europäische Zeitschrift für Wirtschaftsrecht 22, 677-680

Scharpf, Fritz (2000): The Viability of Advanced Welfare States in the International Economy. Vulnerabilities and Options. In: Journal of European Public Policy Vol. 7, No. 2, 190-228

Schedler, Kuno (2007): Public Management and Public Governance. In: A. Benz, S. Lütz, U. Schimank, G. Simonis (Hrsg.): Handbuch Governance. Wiesbaden: VS Verlag für Sozialwissenschaften, 253-268

Scherrer, Christoph (2006): Editorial: Weltmarkt und Gewerkschaftsarbeit. In: WSI Mitteilungen, 59. Jg., H. 1, 2-4

ders./Greven, Thomas/Leopold, Aaron/Molinari, Elizabeth (2009): An Analysis of the Relative Effectiveness of Social and Environmental Norms in Free trade Agreements. Study for the European Parliament, i.E.

Schlichte, Klaus (2005): Der Staat in der Weltgesellschaft. Frankfurt: Campus

Sengenberger, Werner (2006): Was bringt die Globalisierung den Entwicklungsländern? In: WSI Mitteilungen, 59. Jg, H. 1, 16-25

Tronto, Joan (1991): Changing Goals and Changing Strategies: Varieties of Women's Political Activities. In: Feminist Studies, Vol. 17, No. 3, 85-104

Vlasic, Bill (2009): G.M. in Deal With Union as Deadline Approaches. In: New York Times, 22.5.

Wiedmann, Ariane (2007): Die Zulässigkeit sozialer Vergabekriterien im Lichte des Gemeinschaftsrechts. Baden-Baden: Nomos

World Bank (2003a): South Africa: Country Procurement Assessment Report (Vol. 1). Washington D.C.

dies. (2003b): Ghana. Country Procurement Assessment Report 2003 (Vol. 1). Washington D.C.

dies. (2008): Requirements for Local Procurement in Borrowing Countries. https://siteressources.worldbank.org/INTPROCUREMENT/Resources/localproc.pdf (URL: 13.09.2008)

Schwache Interessen in der Selbstregulierung im Umweltrecht

Alexander Roßnagel & Georg von Wangenheim

Einführung

Dieser Aufsatz stellt Möglichkeiten dar, mithilfe juristischer und ökonomischer Methoden zu untersuchen, wie im Umweltbereich schwache Interessen in der Selbstregulierung Berücksichtigung finden können. Governance im rechtlichen Bereich umfasst aus unserer Sicht jede gezielte Beeinflussung menschlichen Verhaltens durch jeglichen wenigstens teilweise durch Recht steuerbaren Mechanismus. Sie geht somit über die einfache rechtliche Steuerung mittels sanktionsbewehrter Anordnungen (regulative Normierung) hinaus, indem sie versucht, unterschiedliche Akteure in ihren Handlungskontexten und -möglichkeiten im Zusammenhang von Politikgestaltung, Rechtsentstehung und Rechtsumsetzung zu erfassen. Damit wird der Erkenntnis der Implementationsforschung Rechnung getragen, dass regulative Normierung daran scheitert, Verhalten zu steuern, bei dem es auf Eigeninitiative ankommt. Vor diesem Hintergrund wurden alternative Formen rechtlicher Steuerung (kooperative Steuerung, staatliche Rahmensetzung und Selbstregulierung) diskutiert (Mayntz 1978), die die Eigenlogik der Objekte staatlicher Steuerung stärker reflektieren: Verhaltenswissen ist relevant für die Rechtsarbeit (Köck 2006). Darauf aufbauend lenkt die Governance-Perspektive den Blick auf Regelungsstrukturen, die das Verhältnis zwischen dem öffentlichen und dem privaten Sektor prägen (Trute 1999; Hoffmann-Riem 2005; Schuppert 2005, 2006). Da das Recht die Infrastruktur bietet für die Interaktionen des zunehmend kooperationsgeneigten Staates mit para- oder nichtstaatlichen Akteuren sowie für deren selbstorganisierte Aktivitäten, trifft sich die rechtswissenschaftliche Betonung der Infrastrukturverantwortung des Staates mit den Debatten der Sozialwissenschaften um Good Governance (Bachmann 2002; Schuppert 2006). Die governance-typische intensive Verzahnung von öffentlichem und privatem Recht lässt sich insbesondere auch im Umweltrecht und in dem Phänomen der Selbstregulierung erkennen.

Im Umweltrecht spielt Selbstregulierung in der jüngeren Vergangenheit eine zunehmende Rolle. Das liegt daran, dass in diesem Bereich die Ausnutzung der Eigeninitiative für eine zielführende, also eine den Umwelt- und Ressourcenverbrauch effektiv reduzierende Politik in immer stärkerem Maß erforderlich wird.

Steuerung durch regulative Normierung wird immer schwieriger, weil technologischer Wandel immer mehr dazu führt, dass Umweltschutz spezifisches Wissen erfordert, das in der staatlichen Verwaltung nicht in ausreichendem Maße vorhandeln ist, geschweige denn neu produziert werden kann. Diese Erkenntnis kann allerdings nur begründen, dass eine neue Form der Governance erforderlich ist. Ob diese neue Form Selbstregulierung sein kann, und welche Auswirkungen das auf die Berücksichtigung schwacher Interessen im Regulierungsprozess hat, ist Gegenstand der hier vorgestellten Forschung. Im folgenden werden wir zunächst das Konzept der schwachen Interessen im Bereich der Umweltpolitik näher beleuchten, anschließend drei verschiedene Formen der Selbstregulierung voneinander abgrenzen und schließlich für diese drei möglichen Formen der Selbstregulierung diskutieren, ob sie im Umweltbereich zu einer stärkeren oder schwächeren Berücksichtigung von Umweltinteressen führen.

Schwache Interessen

Wenn wir von schwachen Interessen in der Umweltpolitik und im Umweltrecht sprechen, müssen wir zunächst klarstellen, dass die Umwelt nicht für sich selbst spricht, es also kein Umweltinteresse als solches gibt, es zumindest nicht im politischen Prozess aktiv werden kann. Relevante Umweltinteressen können also immer nur die umweltbezogenen Interessen einzelner Akteursgruppen sein. Sprachlich nicht ganz sauber, aber die Probleme hervorhebend werden wir im Folgenden Akteursgruppen mit ‚Interessen' bezeichnen.

Ausgehend von dieser begrifflichen Klärung setzt die Erforschung der Auswirkungen von Selbstregulierung im Umweltbereich auf schwache Interessen zunächst voraus, dass wir begründen, warum wir welche Akteursgruppe als schwache Interessen betrachten und andere als starke. Schwach sind Interessen immer dann, wenn sie sich schlecht durchsetzen können, weil sie aus unterschiedlichen Gründen systematisch und durchgängig Schwierigkeiten haben, sich zu organisieren, zu artikulieren und in Verhandlungen zu vertreten. Dies können im Umweltrecht die durch ein Vorhaben betroffenen Nachbarn, aber auch die nicht an Regulierungsentscheidungen beteiligten Konkurrenten oder Zulieferer sein. Organisations- und damit Durchsetzungsprobleme haben typischerweise auch Gruppen, die von Risiken betroffen sind, welche eine sehr große Zahl von Menschen berühren, in der Summe einen hohen Schaden erwarten lassen, für den einzelnen im Erwartungswert aber aktuell nur einen geringen Schaden aufweisen. Darunter fallen insbesondere auch solche Schäden, deren Realisierung sicher ist und die eine kleine Zahl von

Menschen mit großer Härte betreffen werden, für die aber aktuell noch völlig unklar ist, wer diese Menschen sein werden. Bei solchen weit gestreuten Risiken ist es praktisch kaum möglich, die Interessen der betroffenen Menschen zu organisieren (Olson 1965).

Die Interessen künftiger Generationen werden als beachtenswerter Belang vielfach in der Rechtssetzung beschrieben (Saladin 1984). Sie müssen in Deutschland nach Art. 20a GG bei der Rechtssetzung zwar materiell berücksichtigt werden (Schulze-Fielitz 2005), besondere verfahrensmäßige oder organisatorische Absicherungen dieser Berücksichtigung sieht das deutsche (und europäische) Recht jedoch nicht vor. Einige Vorschläge hierfür wurden in der Literatur entwickelt (Saladin 1984; Schulze-Fielitz 2005) und in unser Forschungsprojekt einbezogen.

Stark sind dagegen Interessen, die leicht zu organisieren sind oder sich aus anderen Gründen leicht artikulieren und durchsetzen können. Hier kommen vor allem kleine Gruppen in Frage, wie sie typischerweise die Hersteller von Gütern darstellen, deren Produktion die Umwelt schädigt oder schädigen könnte, aber auch kleine Gruppen von Betroffenen, bei denen bekannt ist, dass sich Umweltschäden konzentrieren. Große Gruppen sind vor allem dann als Gruppe stark, wenn die Probleme des Free-Riding überwunden werden können, weil die Gruppen aus völlig anderen Gründen bereits gut organisiert sind, wie z.B. betroffene Kommunen (etwa im Umland des Flughafens Frankfurt) oder in einem Verband organisierte betroffene Landwirte. Außerdem gibt es Interessen, die ohne eigenes Zutun vertreten werden, z.B. durch altruistisch orientierte Nicht-Regierungs-Organisationen. Außerhalb des Umweltbereichs entsteht Stärke – insbesondere Stärke von Konsumenten – oft auch dadurch, dass nicht organisierte Interessen anderen nicht organisierten Interessen auf Märkten gegenüber stehen. Da es im Umweltbereich fast immer um öffentliche Güter geht, ist diese Quelle der Stärke von Interessen hier kaum relevant.

Selbstregulierung

Anders als in den anderen in diesem Band beschriebenen Forschungsprojekten besteht der Anlass für die Beschäftigung mit Governance unter dem Gesichtspunkt der schwachen Interessen nicht darin, dass soziale oder technologische Veränderungen den besonderen Schutz schwacher Interessen erfordern und eine Lösung für dieses Problem in neuen Governancestrukturen gefunden werden könnte. Der Grund für unsere Beschäftigung mit Selbstregulierung ist vielmehr die Beobachtung, dass Selbstregulierung als neue Governancestruktur im Umweltbereich tatsächlich häufiger vorgesehen wird. Unter Selbstregulierung verstehen wir dabei die

Entscheidung über Regulierungsinhalte durch die Akteure, deren Verhalten reguliert werden soll, – eventuell in Abstimmung mit den Akteuren, denen die Regulierung zugute kommen soll. Wenn Selbstregulierung häufiger vorgesehen wird, stellt sich unmittelbar auch die Frage, wie sich das auf die schwachen Interessen auswirkt. Wir beschäftigen uns allerdings nicht nur mit der Frage, wie die bereits vorgesehenen Fälle von Selbstregulierung im Umweltbereich auf die Berücksichtigung schwacher Interessen im Regulierungsprozess wirken. Wir untersuchen auch, in welchen weiteren Bereichen des Umweltrechts Selbstregulierung so ausgestaltet werden kann, dass die mit ihr einhergehenden Vorteile schwerer wiegen als eine mögliche weitere Schwächung der Berücksichtigung schwacher Interessen oder dass eine solche Schwächung ganz vermieden werden kann.

Auf den ersten Blick scheint es zunächst unwahrscheinlich, dass schwache Interessen durch Selbstregulierung Macht oder Einfluss gewinnen, denn es sind typischerweise die starken Interessen, deren Verhalten reguliert werden soll und die in der Selbstregulierung damit auf alle Fälle an der inhaltlichen Ausgestaltung der Regulierung maßgeblich beteiligt sind. In der Interaktion mit ihren Gegenspielern könnte das aber doch der Fall sein, nämlich dann, wenn Selbstregulierung dazu führt, dass ein gegebener Rückgang an Umweltverschmutzung im Wege der Selbstregulierung leichter erreichbar ist als bei staatlicher Regulierung. Denn dann wird das Interesse der Industrie an der Verhinderung der Pflicht, diese Umweltverschmutzung zu vermeiden, schwächer, so dass die anderen Interessen *relativ* stärker werden. Außerdem lässt sich durch regulierte Selbstregulierung ein institutioneller Rahmen festlegen, der die schwachen Interessen stärkt, z.B. dadurch, dass Entscheidungen der Selbstregulierungsinstitution nur getroffen werden können, wenn die (bisher) schwachen Interessen gehört wurden (das kann sicherstellen, dass die schwachen Interessen ein Sprachrohr haben oder bekommen) oder sie gar ihre Zustimmung gegeben haben oder wenigstens von (fast) allen anderen Beteiligten überstimmt wurden. Gerade bei einem solchermaßen institutionalisierten Schutz schwacher Interessen kann regulierte Selbstregulierung aber auch zur Blockade von Entscheidungen führen, wodurch die Vorteile der Selbstregulierung, nämlich die bessere Verarbeitung der vorhandenen Information, zerstört oder wenigstens aufgewogen werden könnten.

Um das Gewicht der soeben genannten Probleme beurteilen zu können, ist es sinnvoll, verschiedene Konzepte der Selbstregulierung zu unterscheiden. Zentrales Kriterium dafür ist das Verhältnis der Selbstregulierung zur gesetzlich geregelten Rechtsordnung. In Anlehnung an die Systematik der Rechtswissenschaft können drei Konzepte unterschieden werden (Hoffmann-Riem 1996; Roßnagel 2003):

Entweder stehen Selbstregulierung und gesetzlich geregelte Rechtsordnung unverbunden nebeneinander. Wir beobachten solche Selbstregulierung im Bereich der Standardisierung und im Bereich der freiwilligen Qualitätslabels. Die Ergebnisse der Selbstregulierung haben als unverbindliche Selbstverpflichtungen keine unmittelbare Bedeutung für die gesetzlichen Regelungen. In diesem Konzept sind die Sphären von Staat und Gesellschaft klar getrennt. Der Staat setzt verbindliches Recht. Gesellschaftliche Kräfte schaffen für ihren Bereich Verhaltensregeln. Beide haben unmittelbar nichts miteinander zu tun. In diesem Fall hat der Staat keine Sicherheit, dass alle Regelungsadressaten die Verhaltensregeln akzeptieren und dass diejenigen, die sie akzeptiert haben, sich an sie halten. Der unverbindlichen Selbstregulierung fehlt die Allgemeinverbindlichkeit und es fehlen ihr verlässliche Durchsetzungsmechanismen. Diese Form der Selbstregulierung bezeichnen wir als *freiwillige Selbstregulierung*.

Im zweiten Konzept sind die selbstgesetzten Regeln mit dem Anspruch verbunden, gesetzliche Regelungen zu ersetzen oder zu vermeiden. Ein klassisches Beispiel sind hier die sogenannten ‚freiwilligen Selbstverpflichtungen' der Industrie, z.B. der Automobilindustrie bezüglich der CO_2 Emissionen von Kraftfahrzeugen. Um gesetzliche Regeln tatsächlich zu ersetzen, müssen die selbstgesetzten Regeln aber alle Funktionen ersetzen, die mit staatlichen Regelungen verbunden sind. Dies gilt nicht nur für die Legislativfunktion, sondern auch für die Exekutiv- und die Judikativfunktion. Rechtliche Regelungen können in der Regel nur dann vermieden oder ersetzt werden, wenn wegen der durchgängigen Befolgung der Verhaltensregeln kein Regelungsbedarf besteht. Dies setzt zum einen die Allgemeinverbindlichkeit der Verhaltensregeln und zum anderen einen Befolgungsgrad aufgrund der privaten Durchsetzungsmechanismen voraus, der den staatlichen Regelungen entspricht. Dieses Konzept wird mit dem Schlagwort *Abwehrselbstregulierung* bezeichnet (hierzu auch Lyon/Maxwell 2003;Maxwell et al. 2000).

Das dritte Konzept, das die beschriebenen Nachteile vermeiden und die Vorteile staatlicher und gesellschaftlicher Regulierung verbinden will, ist das der Co-Regulierung. Dies meint, dass beide Seiten in einer gesellschaftlichen Arbeitsteilung zwischen gesellschaftlicher Selbstregulierung und staatlicher Intervention eine Kooperation suchen. Der Staat nimmt nicht mehr alle Aufgaben selbst wahr, sondern überträgt diese einer Selbstregulierung durch die Regelungsadressaten. Er beschränkt sich auf die Grundsätze und inhaltlichen Vorgaben und überlässt die Ausfüllung der Selbstregulierung. Da aber nicht nur die unmittelbaren Regelungsadressaten betroffen sind, sondern auch Dritte und das Allgemeinwohl, behält sich der Staat die Vorgabe der Spielregeln und die Kontrolle ihrer Einhaltung vor. Bei dieser *regulierten Selbstregulierung* steuert der Staat nicht durch verfahrensrechtliche Kontrolle und Überwachung oder verhaltensbeeinflussende materiell-rechtliche Anforderungen, sondern induziert freiwillige private Initiative und Aktivität als Beitrag zur Erfüllung öffentlicher Aufgaben.

Im folgenden sollen erste, auf der Positiven Politischen Theorie (grundlegend Eskridge/Ferejohn 1992; Ferejohn/Weingast 1992) aufbauende und diese mit dem Rent-Seeking Ansatz von Tullock (1980) verbindende Modellierungsansätze dargestellt werden, welche erklären oder wenigstens beschreiben, wie die unterschiedlichen Konzepte der Selbstregulierung die Stärken und Schwächen der beteiligten Interessen – Umweltinteressen und Interessen der zu regulierenden Industrie – verändern.

Freiwillige Selbstregulierung

Ziel sich freiwillig selbst regulierender Unternehmen ist typischerweise Standardisierung oder Selbstdarstellung / Marketing oder eigenes Interesse an Umweltschutz. Für die Frage nach Selbstregulierung im Umweltschutz spielt Selbstregulierung, die allein mit dem Ziel der Standardisierung erfolgt, keine Rolle. Relevant sind hier allein Selbstregulierungen mit den beiden letztgenannten Zielen. Bei beiden Zielen ist die Beteiligung von Vertretern von Umweltinteressen nicht logisch erforderlich, kann aber der Erreichung der Ziele dienlich sein – einerseits, weil diese Interessenvertreter Informationen über besonders populäre bzw. wirksame Formen des Umweltschutzes verfügen, andererseits, weil eben diese Beteiligung Teil der Selbstdarstellung sein kann. Soweit Umweltinteressen auf diesem Wege Eingang in die Ergebnisse der freiwilligen Selbstregulierung finden, gewinnen sie an Stärke.

Allerdings impliziert freiwillige Selbstregulierung keinerlei Stärkung der schwachen Umweltinteressen, soweit es um ihre Möglichkeiten geht, ihre Berücksichtigung aufgrund eigener Entschlüsse und eigener Aktivitäten zu erzwingen. Allein Marktkräfte (staatlicher Zwang widerspricht dem Konzept der freiwilligen Selbstregulierung) können hier gegen den Willen der Unternehmen dazu führen, dass Umweltinteressen in die unternehmerische Entscheidung eingehen. Ein solcher Zwang setzt allerdings voraus, dass die andere Marktseite, zumeist die Verbraucher, derart stark an der Berücksichtigung der Umweltinteressen interessiert sind, dass sie trotz offensichtlicher Probleme der kollektiven Aktion (Gefangenendilemma, Free-Rider-Verhalten) bereit sind, für Produkte mehr zu zahlen, bei deren Produktion Umweltinteressen berücksichtigt werden. Nur wenn umweltbezogene soziale Normen (= ‚Sitte' im rechtssoziologischen Sprachgebrauch) oder umweltbezogene internalisierte Normen (= ‚Moral' im rechtssoziologischen Sprachgebrauch) stark genug sind, kann eine solche Bereitschaft entstehen. Nur wenn es den Umweltinteressen oder ihren Vertretern gelingt, die Entstehung solcher Normen zu evozieren, können sie ihre Berücksichtigung über Marktmacht selbst bestimmen.

Ähnlich schwierig ist die Nutzung freiwilliger Selbstregulierung als Mittel der Public Governance, also der rechtsbasierten staatlichen Beeinflussung menschlichen Verhaltens. Mit jedem direkten Eingriff oder auch schon mit jeder Drohung mit einem direkten Eingriff würde der Staat die Freiwilligkeit zerstören. Wiederum allein auf dem Weg der Beeinflussung der sozialen Normen oder der internalisierten Normen und wiederum durch die Marktkräfte vermittelt wäre eine gewisse Steuerung hier denkbar. Steuerung könnte hier durch ‚Aufklärungskampagnen' oder, weniger euphemistisch ausgedrückt, durch den Versuch der Beeinflussung der gesellschaftlichen Normbildungsprozesse durch staatliche Werbekampagnen erfolgen (vgl. hierzu Cooter 1989, 2000).

Allerdings ist bei jedem Versuch der Steuerung menschlichen Verhaltens über soziale Normen zu beachten, dass diese Art der Steuerung hochgradig fehleranfällig ist, weil der Prozess der Normentstehung und entwicklung hoch komplex ist. Immer wieder ist nicht nur mit Lock-Ins (die Stabilität sozialer Normen beruht gerade auf solchen Lock-Ins), sondern auch damit zu rechnen, dass die Beeinflussung unerwünschte Nebeneffekte oder gar dem eigentlichen Ziel entgegen gesetzte Effekte hat (Carbonara et al. 2008a, 2008b; Parisi/von Wangenheim 2006). Noch schwieriger zu steuern ist die Internalisierung von Normen, zumal hier in vielen Fällen die Existenz einer sehr starken sozialen Norm vorausgehen zu müssen scheint. Da also die Stärkung der schwachen Umweltinteressen, übrigens ebenso wie ihre weitere Schwächung, durch Nutzung von freiwilliger Selbstregulierung kaum möglich ist, werden wir dieses Konzept der Selbstregulierung nicht weiter vertiefend betrachten.

Abwehrselbstregulierung

Unternehmen und deren Verbände gehen den Weg der Abwehrselbstregulierung, wenn sie darin den besten Weg sehen, staatliche Regulierung, sei es durch Gesetz oder durch untergesetzliches Recht, zu vermeiden. Diese Strategie geht nur auf, wenn Inhalt und Verbindlichkeit der Selbstregulierung so nahe an der zu vermeidenden staatlichen Regulierung sind, dass es für die legislativen politischen Institutionen nicht mehr lohnt, ihrerseits zu regulieren. Da der Nutzen, den die politischen Institutionen aus staatlicher Regulierung ziehen können, wesentlich davon abhängt, wie sich diese Regulierung im Vergleich zum status quo auf die Interessen der Industrie als auch der Umweltinteressen und deren Vertreter auswirkt, ist die Stärke oder Schwäche der Umweltinteressen in dieser Regulierungsform ein Reflex ihrer Stärke oder Schwäche im politischen Prozess der Produktion staatlicher Regulierung.

Stärke oder Schwäche in der Abwehrselbstregulierung und im politischen Prozess sind offensichtlich nicht identisch, denn Abwehrselbstregulierung erfolgt typischerweise ähnlich wie die freiwillige Selbstregulierung allein durch die Unternehmen oder ihre Verbände. Die Stärke der Umweltinteressen, und damit ihr Einfluss auf die Ausgestaltung der Selbstregulierung, besteht allein darin, dass sie oder ihre Vertreter damit drohen können, den Prozess der staatlichen Regulierung in Gang zu setzen. Dieser Prozess ist sowohl für die Industrie als auch für die organisierten Umweltinteressen mit hohem Aufwand verbunden: beide versuchen, die relevanten Entscheidungsträger möglichst weitgehend von ihren jeweiligen Präferenzen zu überzeugen, und dabei zugleich die Überzeugungsarbeit der jeweils anderen Interessenvertreter zunichte zu machen (vgl. die Idee des Rent-Seeking à la Tullock, 1980, und die damit verbundene Verschwendung von Ressourcen durch die konkurrierenden Interessen). Vertreter der Umweltinteressen werden den politischen Prozess der staatlichen Regulierung also nur in Gang setzen, wenn sie das Ergebnis der allein von der Unternehmerseite bestimmten Abwehrselbstregulierung deutlich schlechter bewerten als die Inhalte der von ihnen erwarteten staatlichen Regulierung.

Aus entgegen gesetzter Perspektive betrachtet bedeutet das auch, dass die Vertreter der Umweltinteressen Abwehrselbstregulierung nur dann akzeptieren werden, wenn sie sich dadurch besser stellen als durch den Versuch, den Prozess der staatlichen Regulierung in Gang zu setzen – zumindest aus der (unsicherheitsbelasteten) ex-ante Perspektive. Abwehrselbstregulierung scheint also nur dann wirksam werden zu können, wenn sie die organisierten Umweltinteressen besser stellt als staatliche Regulierung. Allerdings müssen hier zwei Einschränkungen beachtet werden. Einerseits ist scharf zu trennen zwischen den Interessen der Vertreter der Umweltinteressen und den Umweltinteressen selbst. Da die letzteren durch Aufwendungen zur Beeinflussung der Politik nicht unmittelbar belastet werden, kommt ihnen die Ersparnis dieser Aufwendungen auch nicht zu Gute. Der Verzicht der Vertreter von Umweltinteressen auf inhaltliche Erfolge im Umweltschutz zugunsten der Ersparnis von Aufwendungen zur Politikbeeinflussung ist für die eigentlichen Umweltinteressen also ein reiner Verlust. Insofern werden die Umweltinteressen durch Abwehrselbstregulierung also geschwächt, die positive Aussage zu Beginn dieses Absatzes gilt allein für die Vertreter der Umweltinteressen.

Andererseits ist auch der Entstehungsprozess von Abwehrselbstregulierung nicht unbedingt kostenlos für die Vertreter der Umweltinteressen. Auch hier ist der enge Zusammenhang zwischen abwehrender Regulierung und abzuwehrender Regulierung zu beachten. Verweigern sich die Vertreter der Umweltinteressen jeglicher Teilnahme am Prozess der Selbstregulierung, so werden ihre Chancen gering sein, im Nachhinein doch noch die staatliche Regulierung zu initiieren. Obwohl sie also praktisch keine Entscheidungsmacht im Prozess der Abwehrselbstregulierung haben, sind sie gezwungen, hier bereits Aufwendungen der Teilnahme an der Vorbereitung der Selbstregulierung zu erbringen. Diesen Kosten steht aber im Rahmen eines sich möglicherweise an die Selbstregulierung anschließenden politischen Prozesses der staatlichen Regulierung nur bedingt ein Vorteil gegenüber. Die in der Vorbereitung auf die Selbstregulierung von den Vertretern der Umweltinteressen getätigten Aufwendungen sind also teilweise für diese verloren. Stellt aber die Abwehrselbstregulierung die Vertreter der Umweltinteressen nur so gut, wie sie sich bei staatlicher Regulierung nach dem dafür erforderlichen politischen Entscheidungsprozess gestellt hätten, führen diese verlorenen Kosten dazu, dass Abwehrselbstregulierung auch für die Vertreter der Umweltinteressen als eine Schwächung angesehen werden muss.

Abwehrregulierung als Mittel der Public Governance kann in zwei Richtungen eingesetzt werden. Zum einen kann es darum gehen, im Schatten der drohenden staatlichen Regulierung zum Vorteil sowohl der Industrie- als auch der Umweltinteressen eine Form der Selbstregulierung entstehen zu lassen, die sowohl die Information der Unternehmen besser nutzt, aufgrund derer eine effiziente Form der Regulierung effektiv umgesetzt werden kann, als auch die mit dem politischen Prozess der staatlichen Regulierung verbundenen Kosten vermeidet. Will man Abwehrregulierung als Mittel der Public Governance mit dieser Zielrichtung einsetzen, muss man davon ausgehen, dass die beteiligten Interessengruppen ausreichend informiert sind über die künftigen Ergebnisse des hypothetisch auf die Abwehrselbstregulierung folgenden Rechtsetzungsverfahrens. Ist dieser Ausgangspunkt realistisch, dann wird Abwehrselbstregulierung, wie zuvor gezeigt, die Umweltinteressen und ihre Vertreter zwar in kleinem Umfang schwächen, aber kaum zu ihren Lasten wirken, weil die Effizienzsteigerungen und die Kostenersparnisse auch ihnen zu Gute kommen. Ist dieser Ausgangspunkt aber unzutreffend, mit anderen Worten, fehlt den beteiligten Interessengruppen die genannte Information, so kann nicht mehr auf abstrakter Ebene gesagt werden, ob durch Abwehrselbstregulierung als Mittel der Public Governance die schwachen Umweltinteressen und ihre Vertreter gestärkt oder weiter geschwächt werden und ob Abwehrselbstregulierung zu Gunsten oder zu Lasten der Umweltinteressen wirkt.

Zum anderen kann es bei der Abwehrselbstregulierung als Mittel der Public Governance aber auch darum gehen, eine bestimmte Umweltpolitik umzusetzen, und zwar durch Ausnutzung der bei den Unternehmen vorhandenen Informationen auf besonders effiziente Weise. Dass setzt dann aber voraus, dass diese bestimmte Politik schon festgelegt ist, dass also der politische Prozess, welcher der staatlichen Regulierung zugrunde liegen würde, mit all seinen Kosten (zum Beispiel der Aufwendungen für Politikbeeinflussung) bereits vorweg genommen wurde. Damit geht offensichtlich der eine der beiden Vorteile der Abwehrselbstregulierung, nämlich die Ersparnis der Kosten des politischen Prozesses der Regulierung verloren. Ob dann der zweite Vorteil, die effizientere Durchführung der Regulierung noch ausreicht, die zusätzlich entstehenden Verhandlungskosten der Abwehrselbstregulierung auszugleichen, muss fraglich erscheinen.

Als Mittel der Public Governance kann Abwehrselbstregulierung also nur mit hohen Erfolgschancen eingesetzt werden, wenn die Politik bereit ist, nicht nur die Durchführung der Regulierung, sondern auch den Prozess der Bestimmung ihres Inhalts der Selbstregulierung der Industrie unter unregulierter Beteiligung der Umweltinteressen und ihrer Vertreter zu überlassen. Das kann, wie gesagt, nur funktionieren, wenn die betroffenen Interessengruppen ausreichend informiert sind, um das Ergebnis des politischen Prozesses vorwegzunehmen, ohne dass er jemals begonnen werden muss.

Regulierte Selbstregulierung

Ähnlich wie bei der Abwehrselbstregulierung setzt erfolgreiche regulierte Selbstregulierung voraus, dass die in ihr beteiligten Entscheidungsträger staatliche Regulierung, die das Ergebnis der regulierten Selbstregulierung ersetzen könnte, vermeiden wollen. Wiederum muss also der Inhalt der Selbstregulierung nahe genug an der zu vermeidenden staatlichen Regulierung sein, damit die legislativen politischen Institutionen es nicht bevorzugen, selbst zu regulieren. Die Verbindlichkeit der Selbstregulierung ist hier kein Problem, da sie durch die zugrunde liegende staatliche Regulierung der Selbstregulierung rechtlich festgelegt ist.

Anders als bei Abwehrselbstregulierung kann allerdings die Richtung, in welcher regulierte Selbstregulierung von der drohenden staatlichen Regulierung abweicht, in deren Schatten die Selbstregulierung stattfindet, durch die rechtlich festgelegte Ausgestaltung der selbstregulierenden Institutionen gesteuert werden. Welche institutionellen Ausgestaltungen hier in welcher Richtung und in welcher Stärke wirken, ist noch zu erforschen, z.B. anhand der Beteiligungsformen im Rechtsetzungsverfahren der amerikanischen Agencies, wo sich ganz ähnliche Probleme stellen (vgl. Moe 1989; McCubbins et al. 1987; zur Vergleichbarkeit des deutschen und des amerikanischen Systems der Umweltregulierung: Rose-Ackerman 1995). Es ist zu erwarten, dass durch eben diese institutionelle Ausgestaltung schwache Umweltinteressen effektiv gestärkt werden können. Im Gegensatz zur Abwehrselbstregulierung muss sich das nicht nur auf das Ergebnis aus Sicht der Vertreter der Umweltinteressen beschränken, sondern kann sich auch auf das Ergebnis aus Sicht der Umweltinteressen selbst und auch auf die Stärke im Selbstregulierungsverfahren erstrecken. Prinzipiell kann das Verfahren der Selbstregulierung soweit zugunsten der Vertreter der Umweltinteressen ausgestaltet werden, dass es jetzt die Industrie ist, deren Interessen nur soweit berücksichtigt werden, dass sie nicht mit Vehemenz versucht, doch die staatliche Regulierung zu initiieren und zwar in der Erwartung, dass sie sich dort besser stellt als unter der regulierten Selbstregulierung. Hierbei muss allerdings berücksichtigt werden, dass der Gesetzgeber hier an zwei Stellen im Verfahren aktiv wird, und zwar mit gleicher umweltpolitischer Zielsetzung: bei der institutionellen Ausgestaltung des Selbstregulierungsverfahrens und bei der drohenden staatlichen Regulierung, in deren Schatten die Selbstregulierung stattfindet. Es ist also nicht zu erwarten, dass Interessen, die im Rahmen der inhaltlichen staatlichen Regulierung schwach sind, bei der institutionellen Ausgestaltung der regulierten Selbstregulierung so stark sind, dass sie in der eigentlichen Selbstregulierung eine erheblich stärkere Rolle spielen als bei reiner staatlicher Regulierung, die keinerlei selbstregulierende Ansätze enthält.

Die Stärkung der schwachen Umweltinteressen ist also auch bei regulierter Selbstregulierung im Vergleich zu rein staatlicher Regulierung nicht so sehr auf der Verfahrensseite, sondern vielmehr auf der inhaltlichen Seite zu suchen. Wie oben für die Abwehrselbstregulierung kurz dargestellt, können Umweltinteressen von Selbstregulierung auf zwei Wegen profitieren, durch Partizipation an Effizienzgewinnen durch eine bessere Ausgestaltung der Regulierung und durch die Einsparung von Aufwendungen zur Beeinflussung politischer Regulierungsentscheidungen. Wie oben erwähnt ist der zweite Weg für die Vertreter der Umweltinteressen wichtiger als für die Umweltinteressen selbst und sieht sich dadurch verengt, dass den Einsparungen die Aufwendungen zur Beteiligung am Selbstregulierungsverfahren gegenübergestellt werden müssen. Bei regulierter Selbstregulierung wird diese Verengung des zweiten Weges weiter dadurch verstärkt, dass auch die Ausgestaltung der Institutionen der Selbstregulierung ein politischer Prozess ist, der Aufwendungen zu seiner Beeinflussung erfordert, zum eigenen Vorteil und um den Aufwendungen der anderen Seite ein Gegengewicht entgegen zu stellen. Um regulierte Selbstregulierung mit rein staatlicher Regulierung und mit Abwehrselbstregulierung vergleichen zu können, muss also für konkrete Beispiele untersucht werden, wie sich die hier dargestellten gegenläufigen Effekte auswirken.

Literatur

Bachmann, Gregor (2002): Privatrecht als Organisationsrecht. Grundlinien einer Theorie privater Rechtsetzung. In: Jahrbuch Junger Zivilrechtswissenschaftler, Bd. 13, 9-29

Carbonara, Emanuela/Parisi, Francesco/von Wangenheim, Georg (2008a): Legal Innovation and the Compliance Paradox. In: Minnesota Journal of Law, Science and Technology, Vol. 9, No. 2, 837-860

dies. (2008b): Lawmakers as Norm Entrepreneurs. In: Review of Law and Economics, Vol. 4, No. 3, 779-799

Cooter, Robert D. (1989): Expressive Law and Economics. In: Journal of Legal Studies, Vol. 27, No. 2, 585-608

ders. (2000): Do Good Laws Make Good Citizens? An Economic Analysis of Internalized Norms. In: Virginia Law Review, Vol. 86, No. 8, 1577-1601

Eskridge, William N. Jr./Ferejohn, John A. (1992): Making the Deal Stick: Enforcing the Original Constitutional Structure of Lawmaking in the Modern Regulatory State. In: Journal of Law Economics and Organisation, Vol. 8, No. 1, 165-189

Ferejohn, John A./Weingast, Barry R. (1992): A positive Theory of Statutory Interpretation. In: International Review of Law and Economics, 12, 263-279

Hoffmann-Riem, Wolfgang (1996): Öffentliches Recht und Privatrecht als wechselseitige Auffangordnungen – Systematisierung und Entwicklungsperspektiven, in: ders., E. Schmidt-Aßmann (Hrsg.): Öffentliches Recht und Privatrecht als wechselseitige Auffangordnungen, Baden-Baden: Nomos, 261-336

ders. (2005): Governance im Gewährleistungsstaat. In: G.F. Schuppert (Hrsg.): Governance-Forschung. Baden-Baden: Nomos, 195-219

Köck, Wolfgang (2005): Governance in der Umweltpolitik. In: G.F. Schuppert (Hrsg.): Governance-Forschung. Baden-Baden: Nomos, 322-345

Lyon, Thomas P./Maxwell, John W. (2003): Self-regulation, taxation and public voluntary environmental agreements. Journal of Public Economics, 87, 1453-1486

Maxwell, John W./Lyon, Thomas P./Hackett, Steven C. (2003): Self-regulation and social welfare: The political economy of corporate environmentalism. In: Journal of Law and Economics 43, 583-617

Mayntz, Renate/Bohne, Eberhard/Derlien, Hans-Ulrich (1978): Vollzugsprobleme der Umweltpolitik, Wiesbaden: Kohlhammer

McCubbins, M. D./Noll, R. G./Weingast, Barry R. (1987): Administrative Procedures as Instruments of Political Control. In: Journal of Law, Economics, and Organization, Vol. 3, No. 2, 243-277

Moe, Terry M. (1989): The Politics of Bureaucratic Structure, in: J.E. Chubb, P.E. Peterson: Can the Government Govern? Washington: Brookings Institution Press, 267-329

Olson, Mancur (1965): The Logic of Collective Action. Cambridge, MA: Harvard University Press.

Parisi, Francesco/von Wangenheim, Georg (2006): Legislation and Countervailing Effects from Social Norms. In: C. Schubert, G. von Wangenheim: Evolution and Design of Institutions, London: Routledge, 25-55

Roßnagel, Alexander (2003): Neukommentierung von § 7 BImSchG, in: Gemeinschaftskommentar zum Bundes-Immissionsschutzgesetz, hrsg. v. H.-J. Koch/D. Scheuing/E. Pache, Düsseldorf: Luchterhand, Ergänzungslieferung 13

Rose-Ackerman, Susan (1995): Controlling Environmental Policy – The Limits of Public Law in Germany and the United States. New Haven: London

Saladin, Peter (1984): Verantwortung als Staatsprinzip. Bern-Stuttgart: Haupt.

Schulze-Fielitz, Helmuth (2005): Kommentierung des Art. 20a, in: Dreier (Hrsg.), Grundgesetz-Kommentar, Bd. 2, 2. Aufl. Tübingen: Mohr Siebeck

Schuppert, Gunnar Folke (2005): Governance im Spiegel der Wissenschaftsdisziplinen, in: ders. (Hrsg): Governance-Forschung. Baden-Baden: Nomos, 371-469

ders. (2006): Verwaltungsorganisation als Steuerungsfaktor, in: Hoffmann-Riem/Schmidt-Aßmann/Voßkuhle: Grundlagen des Verwaltungsrechts, Band I, § 16, München: C.H.Beck, 995-1081

Trute, Hans-Heinrich (1999): Verantwortungsteilung als Schlüsselbegriff eines sich verändernden Verhältnisses von öffentlichem und privaten Sektor. In: G. F. Schuppert: Jenseits von Privatisierung und „schlankem" Staat, Baden-Baden: Nomos, 13-46

Tullock, Gordon (1980): Efficient Rent Seeking. In: J. Buchanan, R. Tollison, G. Tullock (Hrsg.): Toward a Theory of the Rent-Seeking Society, College Station: Texas A&M University Press, 16-36

Educational Governance

Herbert Altrichter / Thomas Brüse-
meister / Jochen Wissinger (Hrsg.)
Educational Governance
Handlungskoordination und Steuerung
im Bildungssystem
2007. 261 S. (Educational Governance
Bd. 1) Br. EUR 29,90
ISBN 978-3-531-15279-0

Jürgen Kussau / Thomas Brüsemeister
Governance, Schule und Politik
Zwischen Antagonismus und Kooperation
2007. 337 S. (Educational Governance
Bd. 2) Br. EUR 34,90
ISBN 978-3-531-15278-3

Martin Heinrich
**Governance in der
Schulentwicklung**
Von der Autonomie zur evaluations-
basierten Steuerung
2007. 350 S. (Educational Governance
Bd. 3) Br. EUR 39,90
ISBN 978-3-531-15339-1

Matthias Rürup
**Innovationswege im
deutschen Bildungssystem**
Die Verbreitung der Idee „Schulauto-
nomie" im Ländervergleich
2007. 417 S. (Educational Governance
Bd. 4) Br. EUR 39,90
ISBN 978-3-531-15596-8

Thomas Brüsemeister /
Klaus-Dieter Eubel (Hrsg.)
**Evaluation, Wissen und
Nichtwissen**
2008. 314 S. (Educational Governance
Bd. 5) Br. EUR 34,90
ISBN 978-3-531-15586-9

Roman Langer (Hrsg.)
‚Warum tun die das?'
Governanceanalysen zum Steuerungs-
handeln in der Schulentwicklung
2008. 250 S. (Educational Governance
Bd. 6) Br. EUR 29,90
ISBN 978-3-531-15807-5

Herbert Altrichter /
Katharina Maag-Merki (Hrsg.)
**Handbuch neue Steuerung
im Schulsystem**
2009. ca. 350 S. (Educational Governance
Bd. 7) Br. ca. EUR 34,90
ISBN 978-3-531-16312-3

Herbert Altrichter / Martin Heinrich /
Katharina Soukup-Altrichter (Hrsg.)
**Schulentwicklung durch
Schulprofilierung?**
Zur Veränderung von Koordinations-
mechanismen im Schulsystem
2010. ca. 220 S. (Educational Governance
Bd. 8) Br. ca. EUR 29,90
ISBN 978-3-531-16671-1

Erhältlich im Buchhandel oder beim Verlag.
Änderungen vorbehalten. Stand: Juli 2009.

www.vs-verlag.de

VS VERLAG FÜR SOZIALWISSENSCHAFTEN

Abraham-Lincoln-Straße 46
65189 Wiesbaden
Tel. 0611.7878-722
Fax 0611.7878-400

MIX
Papier aus verantwortungsvollen Quellen
Paper from responsible sources
FSC® C105338

FSC
www.fsc.org

If you have any concerns about our products,
you can contact us on
ProductSafety@springernature.com

In case Publisher is established outside the EU,
the EU authorized representative is:
**Springer Nature Customer Service Center GmbH
Europaplatz 3, 69115 Heidelberg, Germany**

Printed by Libri Plureos GmbH
in Hamburg, Germany